笑って泣いて日が暮れて

――江戸叢書の町びとたち

大野 光政

本の泉社

笑って泣いて日が暮れて

——江戸叢書の町びとたち

大野光政

本の泉社

はじめに

何年か前のことだが、知人が古めかしいボロボロになった一冊の本を見せてくれた。『江戸叢書　巻の七』とあった。大正五年一二月印刷、発行は江戸叢書刊行委員会である。江戸文政年間（一八一八～一八三一年）の、佃島や築地、日本橋、上野、浅草などを舞台とした侍、町人たちの生活ぶりや地誌を叙述し、当時を実感させてくれる読み物になっている。

文化文政＝化政期は、浮世絵や滑稽本、歌舞伎、川柳など、現代にも広く伝わる町人文化の全盛期にあたり、国学や蘭学の大成した時期である。近世日本のルネッサンスと呼ぶ人もおり、よく映画やテレビの時代劇の背景になる。

しかしながら、全一二巻の『江戸叢書』は当時の言葉そのままに、旧漢字・旧仮名で書かれており、読むには少々やっかいで手間もかかる。そこで、思いあまって現代語訳を試みた。

徳川家康が江戸に幕府を開いて二六〇年。現代は、その崩壊に材を得た小説、ドラマが持ちきりだが、それ以前の長期にわたる戦争のない平和な世の中で、人びとがどのように暮らしていたのか、それを知るのも何かを考えるよすがになるのではないかと考えた次第。

笑って泣いて日が暮れて——江戸の町びとたちがそこで何を見ていたのか、思いを馳せていただければ幸甚です。

大野光政

目次

目次

二六夜の舟行　花火之夜景

七月二六日は、前から約束をしていた小原、伊能両君をさそい、牛込揚場町より舟にのり、武六郎も引きつれて舟頭二人と総勢六人、打ち合わせたわけではないが気心が知れた仲、美酒、肴、珍味はもとよりお点前の茶、菓子までそれぞれが用意し、守山の渡しを過ぎる辺より数々の食器を取広げ、酒盃を交わし、流れに任せて柳橋の万八の辺りにこぎ下った。遙かに大川筋を見れば、去る二三、二四日の大雨に水かさが増し、すさまじい激流は矢を射るが如く、両国の橋柱に逆巻いた水が当たる音は物すごかったようだ。川上のとなりの国は、どんなに降りつづいただろう。河水は濁り、泥のようだったろう。

川の東を見渡せば、駒止めの石のある河岸通りは、往来に川水が広がり、人々は渡り越える風である。川上よりまれに下る船はあるが、逆流を上る舟はない。この日は風もなく快晴で残暑厳しくあぶるようだ。特に花火の評判がよく、大小の舟に棹をさして遊びに出る尾形舟がおびただしいくらいに出ている。実に、にぎやかな江戸であることよ。

我々の舟も両国川の西側の岸側を水に従ってこぎ下り、元柳橋の所より流れる水の勢いに自然と押し流され、またたく間に御船蔵の川縁へこぎ寄せた。これより東側の川べりを流れにまかせて、大橋を越え、永代橋をも過ぎて横堀へ入った。右の川筋をこぎ下ると左側は新石場という所。川べりには新よし原町の轡屋が火事の後、ここに仮住居し、桟橋の左右におの〳〵高張提灯に家名を記して軒を並べ、二階では媚々しい若い女が幾人となく、往来する舟を眺望する立姿のしどけなさも、また一風というべし。

次第〳〵に漕ぎ行く程に、御浜の北東の方の海へ出た。四方ただ渺々として目に障る物はなく、西南の方に多く帆柱のみ見える。林

柳橋

隅田川花火

の向こうに見えるのは佃島鉄砲洲の方であろう。ここは、それほど深くはない。裸になって舟を押す者もある。

申の半刻から花火が上ることから、いろいろ大小の船が数千艘、海上にたゆたって歌あり踊あり、拳打や声色を真似する者など、さまざまに酒興に乗じている。海は広いといえども舟のない所はなく、右を見たり左をながめ舟を止めて納涼すると、残暑を忘れ肌寒いぐらいだ。

黄昏れすぎたころから花火を揚げ始めたが、東の海の方へ向かって横打ちというものがおこなわれ、音は大きいが星にまぎれて火術の細工は見えなかった。酉の半刻と思われるころより天を焦がすような花火の火術は、流れ星、登り龍、下り龍、蛍合戦、綵桜、藤棚、散さくら、明鳥など、その数およそ数百本。戌の中刻に終わった。

この日、浅草あづま橋のゑびすやの舟らしいが、男女子どもを含め一三人乗りの屋根船が、大橋と両国の間で転ぷくした。一三人とも水におぼれたが、他の舟のふちに手をかけ、また、近くの船頭たちが飛び込んで救いあげ、皆大丈夫だったという。世間話しでは泥水をのんでしまったとか。

また、この夜神田筋違の八人乗りの舟が、両国の手前で水に逆ってこぎあがる折に転覆し、八人ともおぼれ二人は水死した。骸をさがしたが水の流れで見えなくなってしまったという。この珍事の噂だけこまごましているのは、どうしたことだろうか。

時はすでに亥の刻に及び、川は暗く水流ははげしい。深夜の風は寒く、舟のなかではたえ難いので、佐野槌屋とかいう新石場の酒楼に入った。芸子が歌う三弦にしばし興を催すうち、龍勢とかいう花火一四〜一五本をながめた。酒盃をめぐらす間にいつか月も上ったので、つなぎとめた舟に棹さして永代橋の所まで漕いで来た。

この朝は霞が深く、水の勢いはます〳〵すさまじく、とても二人の船頭では舵をとるのが難しいので仙台堀の所で乗り捨て、四人とも歩くことにした。大橋を過ぎ、御船蔵へさしかゝるころには夜は明け、一つ目の橋の上にたたずんで、多くの舟が舵をうまくとれずに水に押し流さるる様を眺めていた。舟の様は危いが、またおもしろく、ぶら〳〵と歩きながら、大川は満水ながら明けやらぬなかに川霧立渡る景望もまたひとしおと思ったことである。

両国を渡って萬屋という酒楼に入り、昨夜からの迎え酒とまた一献交わし、英気を養って柳橋より猪牙舟《ちょき》に乗り、水道橋下にて舟を乗り放した。二七日辰の半刻、武六郎、小原通斉、伊能宇右衛門らそれぞれに別れ、己の家に帰宅した。

両国川の満水の次第などを記し置くのみ。

佐竹家の人餝　菅沼家鮑の掟

三味線堀の佐竹左京太夫の上屋敷は、家例として毎年、人餝《かざり》という行事をおこなっている。多くの諸侯の家には見られないことである。

この行事は、例年正月七草の日迄、表門を三四間開け、敷石の上に左右にわかれて足軽が三人ずつ行儀よく立つことである。諸侯太夫あるいは一族が訪問しても、前後も見ず、物も言わず、会釈やお辞儀も、振向きもしないで、往来を見張っている。これは松餝《まつかざり》の代わりで、門外に松餝などはない。これを佐竹の人餝と称する一風変わったものである。ただし半刻ごとに入れ替えて勤める。

これはどのようなことであるかというと、昔、寛永一四年の天草一揆の節、大小名の面々が肥前の国天草へ渡って討手を命じられたが、すでにその年の暮より早春にかけて、世間ではいろいろと取りざたされていて、一揆の討手は謀略によって大半が戦死し、無事に帰国する者は稀であるという風説のみで、便りも無く、留守の家は正月の松餝どころではな

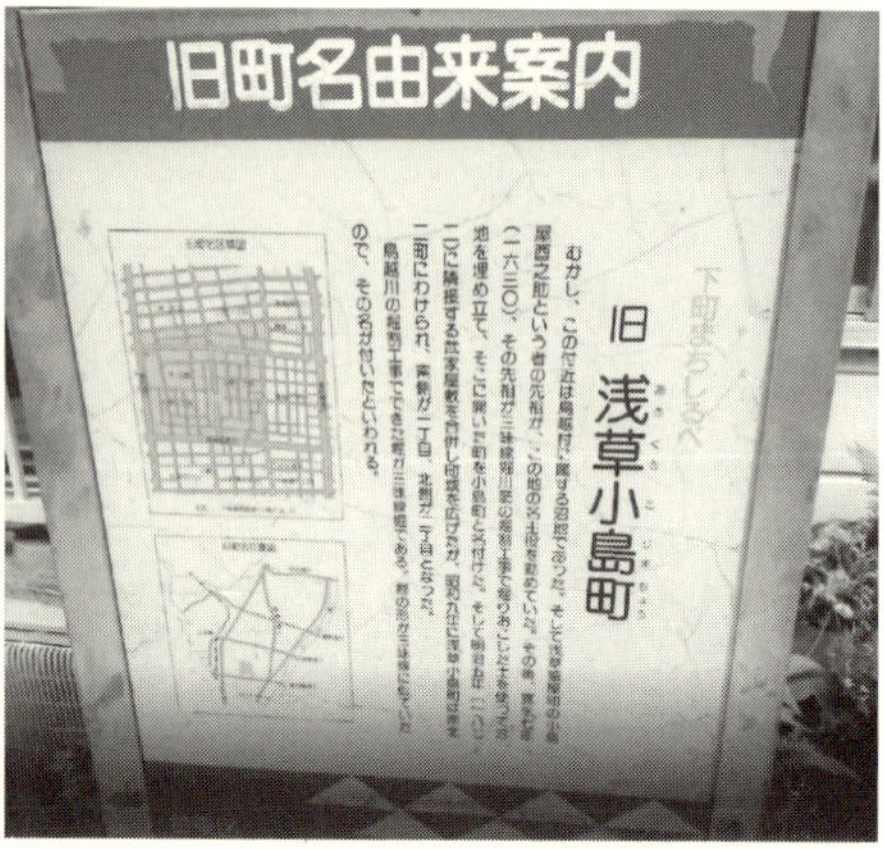

旧町名由来案内「旧浅草小島町」

かった。上下・主従ともにうちひしがれ、いろいろと心配し、夫のいる者は、皆、討ち死にしたと思い、香や花を手向けることなどもあった。それにしても無事かどうかの便りを聞きたいと、門の外まで人を出向かせ、今か〳〵と待っている所に、元日の夕方、無事の便りがあり、主従共ども堅固に帰国した。

このことがあって、松餝をしないことを吉例とし、今に至るまで人餝をしている。門外に松かざりをせず、ただ玄関の左右に葉竹を三株ずつたてるのは、こういうことによるもので、武家の内で松餝しないのは、皆、これによる。

私の若い時、手柄の岡持という、ざれ歌に名高い人に出会ったが、このことを知らないようなので尋ねずにきていた。少し前、佐竹藩の大島助平のせがれ助六らが長八と縁者となったことから、あるとき、このことを聞き、珍しいことなので今年の正月にわざわざ三味線堀通りを歩き、見たまゝを書いた。

　ついでに言っておくが、菅沼藤十郎家では代々鮑を食べることをご法度とした。これも寛永一四年のことで、天草から凱せんして大坂へ着岸すると、船底にたくさんの大きな鮑が吸い着いていた。それを放してみると繰りあけた大きな穴があった。おそらく、一揆の連中が武功をたくらみ、船底を繰り抜いておいて海中に沈めようと企てたものだろう。もし、この鮑が吸い付かなければ主従何百人も海中の鬼となるところだった。遙々の海上を安全に帰国できたのは、鮑の救いによるものだ。であれば、鮑は永久に命の親で、家名を起す元である。以来、一季半季の奉公人を含めて、けっして鮑を食べることはなかった。新参者が秘かに食べると吐血するという。よって、菅沼家では厳しい法度とし、後世の者にはこれを伝へて教えるべきこととした。

　以上みな私が見たことを書いている。近年の戯作者はいろいろな小説、物語、敵討、怪談などの書物を出しているが、虚偽を真実のように作り、無いことをあったことにして著作し、また、昔の物語を焼き直して出して、世間を惑わしている。つまりは、本屋のもうけ、貸本屋の渡世であろう。

　うそを綴り人々を面白がらせ、大笑いさせるようなものなら、彼の山東京伝が最初に作った「一夜千雨」や「浮世の酔醒」あるいは「しはみの紐」、または「ほへと短歌」、近年では十返舎一九の「東海道中膝栗毛」など、つくり話の最上にして美作といえる。私が著作するのは実事で、虚妄を記さないから、見るものは悦ばない。彼らは、名を売って鼻の下を養わんがために著述している。私は、祖父が孫子への形見として勧善懲悪を示そうと各地を巡り歩いたことを綴り、置土産とするものである。筆墨を費やすのもそのためである。

信楽の狂歌　村田屋の一輿

五月一三日、天気快晴で、今日は江戸入りということで喜ぶのもうなずける。名の知れたいくつかの川の渡しも滞り無く、急な九折《つづらおり》も無事に旅し、喧嘩口論も何ひとつなく堅固で古郷へ帰れるのは、錦を飾るよりも喜ばしい。

武州と相模の境を越え、程がやに入ってまもなく假名川の茶屋で一服した。訪ねたい茶友もあるが心が急く。それでも、海原の風色を折々に見て、なるほど絶景だと感心しながら竹の輿にゆられて行き、假名川と川崎の半ばあたりの信楽の茶店へ入った。

この茶店は、久しく馴染みにしている店の別店で、このところ、三清泰翁、瀾閣らと逍遙するたびに立寄っているので、ひとしお親しみがある。この三月、店が発足した日にここで休んだ時は、ありきたりの丸柱に萱屋根の四阿屋《あづまや》、一面の土間という体だった。三河に三〇余日ほど滞在して帰りに寄ってみると、往復で四五～四六日だったが、新築普請し、棒状の角柱もたくましく屋根も普通より九尺ばかり広く、屋根も高いので風が吹き抜けたときに肌寒く感ずるほどになっている。四、五日前から見世びらきしたそうで、この茶店に憩い、風雅な者たちは、それぞれ筆を執ってことば書きし、鴨居や長押などに張っている。私にも何でもよろしいからと墨をすり硯を差し出すので、辞退するのもどうかと思われ、短冊を取り出してしたためてみたが、返す返すも杜撰で、今から思うともう少し趣向をこらせばよかったと悔やんだが、致し方ない。

新茶とも宇治か駿河か古茶しらぬ、花香は木わた大ほうしにや
新宅やさぞこの夏の住こゝろ
鮮僧　以風

こうして川崎の万年屋で昼食をとり、六郷の渡しも無事に越え、蒲田新宿の西村喜平次の前を通り、大森をすぎ、涙橋際の三河屋吉衛門を訪れ、観音前の村田屋という酒楼に入り、長旅の無事を祝した。腹一杯食べられなかった旅中や宿場の食事を思い、痩せたのではないかと心配だったので、存分に取り返そうと思ったことである。

吸物　尾張味そ／鯛切り身／めうがせん

硯ふた　あわび／くわへ／新せうが
さしみ　かつほ／白瓜／あらいすゝき
鉢肴　あじ塩焼き／赤貝やはらか煮
茶碗　鯛大切身あんかけ／すりわさび
吸物　うしほ／鯛
茶漬　あなご蒲やき
猪口　しんきく／ひたしもの
かうの物　なすび新漬／なら漬

ここを出て赤羽根でひと休みし、迎えがあると思ったがそれは無い。到着してたずねると、途中、川の支障があるといういろいろなうわさがあったので三日以内に着くだろうと思い油断してしまったと言う。我々は運良く、川留めには半時も逢わなかった。

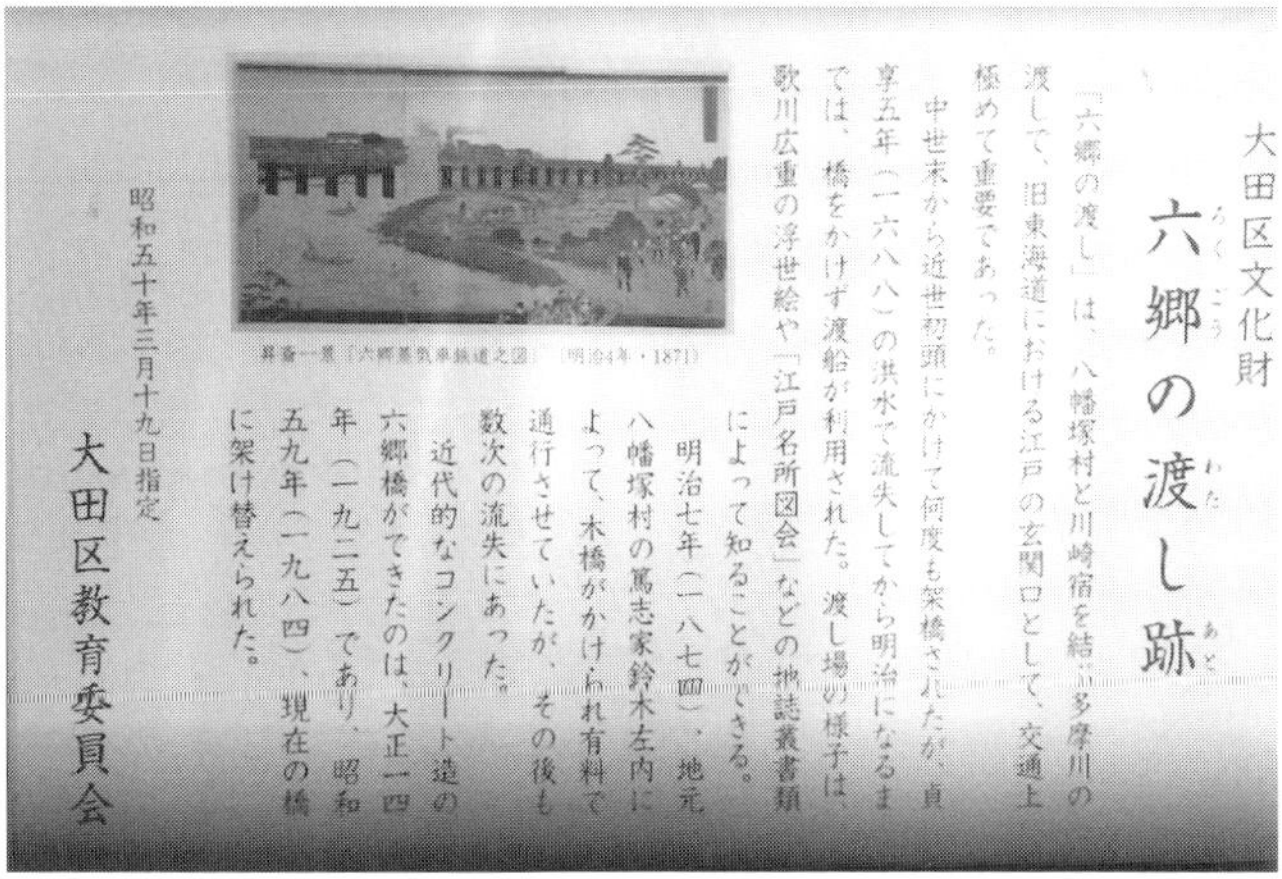

大田区文化財　六郷の渡し跡

孫たちとの以前からの約束で、大森細工の箪笥に阿餅糖《アルベイトウ》を詰めてほしいと言っていたので、西の久保の菓子店にあれこれと菓子を詰めさせて土産とし、申の半刻にめでたく小日向へ帰ってきた。

面白くもない益なきことを、記憶にまかせ筆のおもむくままに書きつづるのは、後々、孫子に三河の由緒も知ってもらいたく、端々には勧善懲悪を述べ、良い人物になればとの思いからである。

日輪寺の群参　假宅の全盛

この四月、新よし原の一部が焼失した。なりわいを続けようとする廓の者たちが願い出て、来る酉年二月までの普請中の間、深川石場仲町や浅草花川戸町山の宿あたりへ仮住まいし、五月より店開きした。土地は艶めき、にぎやかになり、見物しようなどという人も現れてきたが、わざわざ見物するのはひまつぶしのようだし、かといって見ないで過すのも負けおしみに思われる。そのうち機会もあろうと思っていると、藤沢の僧が遊行でこのたび浅草日輪寺に滞在し、わけもなく大勢集まると世間話をした。

すると彼の僧は、名古屋の東御堂のことをふと思い出

日輪寺の南無阿弥陀佛の碑

し、浅草御堂の作事を見比べたり伴衛門作の草庵をも訪ねようと、ひとり杖を引いて小原通齋を訪ねたのを初まりとして、あちらこちらを歩き回った。上野山下の河原には、広く場所をとって大きな板屋根の小屋を作り、大阪四天王寺の境内はいうにおよばず、五重の塔を地中より上げて見世物にしている。人の多いのはどこもかしこもで、去る四月に名古屋を歩いたことを思いだす。名古屋本町などの町並は江戸本町石町にも並ぶようだが、たくさんの人々が往来し群集するのは江戸の地にはとうていおよばない。

浅草御堂へ参詣して名古屋のことを思いめぐらせば、境内の大きさは似ているが度重なる火災で大きな木は無く、御堂も名古屋に比べれば小さい。とりわけ火除を考えての作りだから一緒には論じられない。ではあるが、西側新堀通りの火除の石垣は他に見られないほどのもので、御成玄関をはじめ中の輪番所、客来所に至るまでそれぞれ美麗なのは、さすが関八州の縁所というべきだ。

西の裏門を出て誓願寺の北うしろの日輪寺の門前にくると、趣のある町家があり、講ごとの休息所になっている。田舎の町名を巾広い板札に書いているところもある。門内の両側はよしず張りの茶店がびっしりと並び、杖、笠、包み物などを預かって参詣の世話をする様子は、芝居や角力の茶店に似ている。

日輪寺

そのうち上人が出てくるだろうと参詣の者たちが言っているので、しばらく待ったがらちが明かない。私の遊行に縁がないのだろうか。そう見られてもやむを得ないと思うが、しかしよくよく考えれば、上人として諸人に崇敬されているいまの境遇は、卑賤の身を起こして薪水の労をいとわずに切磋琢磨し、心身を鍛え、長寿を得たことによっている。飲食をつつしみ、薄着で修業する身は大変であったろうし、順境にあえば喜び、逆境はしのぶというが心中には憤りもあったろう。それを平静に過ごすというのはずいぶん骨なことである。

しかし、いくら高徳の方々とはいえ、卑賤の身から成り上がって現在の地位にいるの

浅草寺とスカイツリー

で、昔を知っていると、なかなか渇仰の思いが起こらない。上野凌雲院は一山の学頭で、僧正であるから崇敬するけれども、若いころは実教坊を名のって東圓院の弟子だった。東圓院は弟子譲りを旧例としており、実教坊は譲り請うて住職になった。そのうち、大奥のおめがねにかなう三十六坊の推挙によって凌雲院へ転住し、大僧正に任ぜられた。そういう昔を知っているので、なかなか拝謁するという気が起こらない。

もっとも、なかにはそうではない方もおられる。去る未年にめずらしく隠居した増上寺の僧正瞬従は、三縁山の住職から高官に任じられて将軍の菩提寺につとめていたところ、公儀の覚えめでたく浄土一宗において格別に

増上寺

重んじられ、崇敬されていた。しかし、古希を三つ四つ超えたころに、以前から願い出ていたとおりに隠居が認められ、増上寺一山の内を心のままに過ごされている。瞬従は、かつて小石川伝通院の住職をしていたころ、山口彦三郎、狂歌作者としては山路高彦、巴蘭亭の菴号をもつ人物としばしば膝を交えて清談したという。そのようなかつての日々を知ると、私の遊行もそのようでありたいと思う。

　そのようなことを思いながら、浅草観音に詣で、孫を二、三人引き連れた黒川随喜と同じ床几に休んだ。しばらくして、二人連れだって矢大臣門を出て花川戸山の仮宅をぶらついた。扇屋や大文字屋、三浦屋などの大店はみな簾をおろし、中くらいの店以下四、五〇軒が開けている。遊女たちが並んでいるのを明るいなかに見るのもまた一興である。見物の群衆は女が八割、それも町屋の者は少なく屋敷者が多い。三州岡崎の賎妓とは違い、芙蓉もおよぶところでない、美人の化粧はこういうことかなどと誉めそやして行くのもうなずける。なかには、物思いに沈み、海棠の雨を帯びたような風情の者もおり、世人が金を使うのも無理ないことと思われる。かの大田南畝大人が以前書いたなかに、

誠は虚言《うそ》の皮、虚言は実の骨、うそと誠の仲の町
まよふもよしはら、さとるもよしはら
傾城にうそもまこともありぞ、海の浜の真砂の客の数々

とあったが、目の前の風情がまさにそれだった。

今日は快晴で暑く、風もあるので見物人も多く、往来には馬車も多く通り、ほこりにはいささか閉口するが、随喜と八、九軒見物した。あづま橋の茶店に納涼して、並木町、駒形、諏訪町、黒舟町と次々と道具屋の店先に立ち寄りながら浅草萱町までぶらつき、神田川の流れに沿って帰ったが、これこそ大川端といえるものですばらしいことだった。

兒輩の頭瘡　白禿の呪法

世の中には、諸々の守り札の類を家に入れず、用いない人も少なくないが、理外の理というものもあり、あながち無視するものでもない。つまりはその人の思いによるのであって、良薬といっても、合う、合わないがあるようなものだ。このようなことは言わずもがなのことだが、お礼は、信ずる人にとっては幸せになるということだ。

さて、小石川傳通院境内北うしろに非人小屋がある。およそ三、四〇軒ほど住んでいるようだ。家には大小あり、貧福の差もあるようだ。職人、芸者、司役などの差別もあるらしい(注1)。門々に立ってものをねだる様子とちがって、それぞれがわびしいくらしぶりと思われる。

小石川傳通院

古い木々の類を燃やしているからか、小路に悪臭がするのも非人小屋だからと思われる。

繁蔵という非人がいる。五〇を一つ二つ超えているのだろうか、石川家の藩中でお目見え以上の者だったが、放蕩の為、親から勘当され寄る辺もなくこの小屋へ来て、ついに非人となった。だが、以前屋敷に勤めていた折、趣味で隠し芸をやっていたことから、乞食になったとはいえ仲間に用いられ、身振や声色を稽古して毎年松の内から新よし原の町々を興行する大黒舞の頭取となって暮らしている。息子たちも芸道を覚えて、父親と同じ職をつとめている。

この繁蔵、稀有の呪法を感得して、子どもの白禿を始め胎毒の吹き出物のほかもろ〳〵の頭のできものを呪法で直し、跡も残らず自然に治ることで有名になった。頭瘡の子どもたちをつれて多くの人が来るようになり、線香一把と艾《もぐさ》、桐か竹の柄杓一本、銭を一〇〇銅つつんで持参するようになった。繁蔵は、彼らをきれいな別室へ案内し、子どもの産まれた年月日や時刻と名前を柄杓に書いて灸をし、柄杓を戻して川に流せと教える。

彼らがそのとおりにすると、頭瘡の類いは日毎に小さくなって良くなり、奇妙なことだが、自然に治ってしまう。男女とも一〇歳までの子どもに限っているが、非人の呪法といえども功験をいやしむべきではない。私も、すでに二、三年の間で治った子どもたちを見ている。

麻布一本松の山崎傅五郎藩中中清水勝守という者はやけどを負い、呪法を施してもらったところ、またたくまに痛みが去り、自然に治った。熱湯のやけどでも同じで、お礼として一二銅銭を払ったという。

これらのことは、世に呪法と聞いても信ずる人のために記しおくものである。私は、鼻血を留める方法と松を植えて枯れない奇法がわかった。何ごとも馬鹿にせず、理外の理はあるのだということを分かってもらいたいものである。

［注］

1：非人の職業をいい、「職人」は非人のなかでも手に技術を持っている者。雪駄直しをはじめとしていろいろあった。「芸者」は物真似などを演じて金銭をもらっていた者で、人気を博した者は相当の収入があった。「司役《つかさ》」は悪者の探索などに従事した。

閻浮壇金掘出しの観世音

大久保安芸守の上屋敷は、芝増上寺前の海側で数代にわたってここであるが、重い役となってから御役屋敷に引き移った。文政六年（一八二三年）癸未年の春、大風の日に不慮の火事で焼失し空き地となった。西隣りは清水殿の御用屋敷で、ともに焼失したが、甲申《きのえさる》の年の春、両屋敷併せて堀田摂津守にくだされた。

安芸守の元屋敷に泉水があったので、もう少し掘り広げようと、仕事司を入れて土を掘り起こした。すると、ある鳶の者が鋤の先にかち〳〵と音がするのを見つけた。石だろうと土を取除くと佛像であった。手にとると聖観音の銅像であったので、密かに袖へかくして持ち帰り、あらためて見ると鋤先のあたった所は黄金のように光っている。御丈八寸ばかりある。

鳶の者は、金のことなどさっぱり分からないので同輩に見せたところ、これは世にいう閻浮壇金《えんぶだごん》だろうと鑑定した。このことを伝え聞いてひそかに見にくる人が多く、評判になり、町方定廻りの同心が聞き及んで取り上げ、宿に四、五日置いていた。ところが、ますます評判がひろがるので、後難を恐れて町奉行へ差し出し、一部始終そのわけを話した。奉行所ではみながいろいろと相談し、清水殿へその銅像をお返しした。

そういうことで元の屋敷の持主へたずねたところ、埋めたことはないという。安芸守以前の地主も詮索したが、年代が古くて定かではない。恐らく海上より打揚がったところに年々砂が積もり、地中へ埋れたのだろうと衆議一決し、清水侯が天から授かったものだとした。

芝増上寺と東京タワー

　そうと決まれば、そのままにしてはおけない。東叡山の門主にお願いして開眼（魂を迎え入れる）していただこうと、その佛のために三間の小堂を作らせた。八月一二日、入佛（安置）のために東叡山の僧侶がにぎにぎしく供奉し、無事、新堂へ遷座され、読経もおごそかになされた。この日は申の半刻になって開帳したが、聞きつけて老若男女、貴賎を問わず、おびただしい参詣者があった。この日堂内に捧げた目録では、七両一七貫文あったとか。

その日から三日間開帳し、諸人が大勢参詣に訪れた。仏像を開眼した東叡山では、その新堂の界隈は上野の御持であるので、鍵を凌雲院が預かることになった。そのため、参詣人は少しはあるものの門が開かないので厨子の外から拝礼するだけとなった。それでも、毎日の賽銭は七、八貫ずつあるという。開帳するには、前日凌雲院へ案内をたのむとその朝には役僧が開扉するという。この銅像が実際、黄金で作られた佛さまかどうかは知る由もない。

このことは、この屋敷に仕へる加藤又兵衛、内藤又十郎、関口又兵衛などより聞いたままに記録している。

堀の内妙法寺　弟子三日晒

道は少しの間も離れるべきではない、離れるべきは道にあらずというが、まことに道理である。士農工商の四民より貴賎僧侶以外の窮民に至るまで、自分の道あればこれをおこない、努める時は生涯全く危ないことはない。

江戸の西、堀内村の妙法寺（日蓮宗）は、碑文谷村の法花寺が改宗のおり、寺宝とも御取捨となったが、日蓮のお像を安置してから片田舎の堀内村が繁昌することになった。妙法寺は時を得たというべきで、わびしい土地だったのが安永の初めごろから本堂・庫裏・僧房まで建立し、寛政年間には近辺の耕地を買い求めて境内を広くし、さらに本堂、門ふたつ、玄関・僧房・庫裏などすべてをきれいに再建成就した。およそ片田舎の作りにしては行き届いてきれいなのは、成田村の新勝寺と堀内村妙法寺くらいで、御府内にもそのようなところはない。

享和から文化初年のころは、妙法寺の隠居泰玄庵の茶事に呼ばれ、たびたび若代七郎兵

妙法寺

衛、大橋一栄、岡田徳市、橋本春平らと訪ねて清談し、遊んだことがあった。そのとき何度も半鐘の音がしたが、聞くと、日蓮像の開扉を願う知らせという。そのたびに奉納金一〇〇疋（一貫）はあるので、やがて八日、一三日、一八日の外、年中、幾度となく開帳するようになった。その他、祈祷や供物料、賽銭も多く、年々歳々、過分に財貨が集るようになり、自然と嬌奢になっていった。その後これを止め、二十数年経つ。

当住持になって、ふたたび華美ぜいたくになり、密かに姦淫乱行がつのり、屋形向かいの奥女中の宿のためとして、天鵞絨《ビロード》の夜着、ふとん二〇人分そろえたりした。このことが明るみに出て、吟味におよんだところ言い訳もできず、寺への後難も察して住持は結局自滅した。密かに聞くところによると奥女中の二、三人に懐妊させたとか。ちまたの噂話にもなっている。

これによって妙法寺の修行僧を捕えて取り調べがあった。いろいろ旧悪、女犯などが明らかになり、申し開きもできず、八月二七日より日本橋広小路に三日間さらしたうえ本寺へ引渡しとなり、寺法に則って処分するよう申し渡された。本寺では晒場に高札を建て、武州堀内村妙法寺弟子○○○○、××歳と書きはじめ、不法淫犯の次第を誌して江戸中の人に見せしめ、六人の顔をさらして列べたのは、苦々しく笑うほかない。

なお、去る未年の秋より、小石川戸崎町の祥雲禅寺（曹洞宗）、南品川鮫洲の海晏寺（曹洞宗）、市ヶ谷念佛坂上の月桂寺（曹洞宗）、芝三田小山の大中寺（曹洞宗）、小日向臺町五軒丁上の清巌寺（曹洞宗）など、女を囲っていたのが判明したり、買色のために莫大な金を使ったこと、あるいは、還俗して金をせびったとして、それぞれ取り調べを受け、重い者は島へ流されたり、追放されたりした。なかでも月桂寺は、喜連川家の開基で土地も広い。大中寺は、曹洞宗一派の江戸三ヶ寺、麻布相模殿橋の龍音寺、小日向上水道端の總寧寺、三田小山の大中寺の三ヶ寺の代表で、月番を立てて一派の寺院を支配し、人事を統轄する所である。前にのべた堀の内の妙法寺を始め七ヶ寺ともおとがめを受け、寺に汚名を残し、数代の住職が除名され寺席にきずをつけたことはまことにひどいことである。僧侶の面よごしというべきだろう。

これみな生まれながらの卑賤から起ることで、僧門に入ったからといってもまだ他人事なれば、わが身一人の覚悟だけで厄介がないから気ままな放埒をするのだろう。私がまだ若かった寛政のころ、脇坂淡路守が寺社奉行の折、諸宗の出家人はだいたい放蕩ぐせがあったので、新よし原をはじめ処々の買色の入口、出口で朝帰りを待伏せしたことがあった。そのとき召し捕られた者が七五人、次の朝には五一人いた。都合一二六人の内、住職が三三人いた。これらの出家は、肉食、女犯、身持ち乱行の罪により、日本橋で毎日、一四、五人並べて晒されることになった。前代未聞の笑止千万のことだった。

私の知り合いの牛込横寺町の大信寺（浄土宗）は、談儀（法話）僧で鶴沢蟻鳳を師とし浄瑠璃をやっていたが、運悪く新よし原土手でつかまり、同じように晒されたが、その後は竹斉（注1）を心がけて、芝三田に医師を業として果てた。

このように、三十数年前、諸宗の者を召捕って三日晒しとするなどいささか手荒く思えるが、宗意を破り放蕩淫行ゆえのことで、後につづく僧たちへの警告でもあったろう。今まで不法不律の僧が多かったのは、全く五濁《ごじょく》（末世に現れる避けがたい五種の汚れ）に染まったしるしであろう。ああ、まったく嘆かわしく恥じ入る世である。

おもえば、八月二七日に妙法寺の弟子どもが日本橋へ晒れた同日、甲州身延山の久遠寺（日蓮宗）が出火で本堂、祖師の僧房、庫裏、回廊、宝庫まで焼失したのは、この宗法がむかしに背いて僧尼一同掟を破り、久遠山の守護神である七面天女、及び日蓮の意にも叶わざる故だろうとちまたでしきりに噂されている。

寂寥として、火などまったく縁のない山中の伽監が、同日同刻に灰燼してしまったのは、めったにあることではなく、推測もさもあろうと思われる。ある教えに、外にあらわれた罪は人がこれを誅し、かくれた罪は鬼がこれで誅すというが、まったくその通りである。露見した罪科は役人が罰し、人に知られない過失はよしと思っても天はこれを許さない。必ず鬼神が誅する。

だから、我も人も、それぞれ自分の道を守り、身を知り、すべからく楊震が四知に倣って（注2）、天利をおそれ、かりそめにもその法則を犯さなければ誰でもその家は必ず永く栄えるだろう。いわんや出家の身はなおさらで、高位の身分になりながらこれをわきまえないのは無知でおろか者で、佛門世界での廃人というべきだ。

近ごろ聞いたことでは、芝貝塚の青松寺の小僧は、片門前の町へ毎朝素読に通っており、増上寺の山内なので毎朝修行僧と行き合う。ある日彼らのうち、小僧へ青松寺の和尚は囲い女があるらしい、どこのだれだ、と詰問したところ、大僧正の娘だと相手にもしないで行き過ぎたという。修行僧たちは閉口、赤面して、その後は何も聞かなかったらしい。

益なきことをたずねてかえって恥をかいたのである。小僧は年のころ一二、三といえど、さすがは禅寺で法問を覚えたのだろう、当意則妙の受け答えといえるだろう。諸宗の知識のある高僧といえども、ふり返ってみれば多分このようなことがあったろう。情けないことである。出家した者はつねに、わが身をふり返って心に深く恥じ入る慙愧の二字を忘れてはならない。慙愧の二字は、天に恥じ、地に恥じ、己れに恥じ、他に恥じることをいう。だから、上は佛祖に恥じ、下は身分世間に恥じ、慎み務めなければいけない。末法濁乱のならいとはいいながら、慙愧すべきことであることよ。

［注］
1：江戸時代初期の仮名草子。藪医者竹斎を主人公に、京、名古屋や東海道など諸国遍歴のなかに世相観察をまじえた。好色僧侶や見かけばかりの医師の批判などもある。そういう竹斎ばりに後世を過ごしたの意だろう。
2：楊震は後漢時代の政治家。あるとき、賄賂をもってきたので、二人だけの秘密だといっても、「天知る、地知る、我知る、汝知る」の四知を述べて、それを断ったという。

両国橋の河原　駱駝獣の徳失

八月一一日より江戸両国の広小路に於いて、駱駝という怪獣、牡牝二匹を見せものにしている。朝より暮にいたるまで見物の人々が山をなし、込み合うことははなはだしく、ある日は五〇〇〇人以上になったという。本所にお成りになったとき、将軍が通りがかりにご覧になったとも世間では言っている。

この怪獣はカメエルとも呼ばれ、元来西辺の異獣で、『日本書紀』に天武天皇白鳳八年のとき、新羅国より駱駝を献じられたとあり、古い時代には日本に渡ってきたことがあると思える。いま両国に来た獣は、中国北部河西地方に生まれたもので、オランダ人が去る文政四年、肥前の国長崎へ持ってきたものを買い求め、途中、京、大坂はもちろん、各地で見せものとして出しながら両国へ連れてきたものである。

前漢書には？　橐駝《ラクダ》とある。囊橐《のうたく》を背負っているので橐駝というと説明されている。これを駱駝《ラクダ》としたらしいが、駱駝には野駝《ヤタ》と家駝《カタ》の二種があり、中国の医薬書に野駝は西北の辺地に生育し、家駝は人家に養育する、脂肪分を背の瘤にたくわえており、薬に用いるのは野駝で、そのあぶらを駝峯脂《だほうし》とか駝子油《だしゆ》という、とある。以下その書による。

駱駝の乳は身体を丈夫にし、生気を溢れさせ、筋骨をたくましくする。また、駝黄《だおう》（胆のう）は牛黄に似て匂いがない。馬糞石のように、これを多く牛黄といつわる。毛は婦人のこしけや下りものに利き、痔疾を治すが、焼いて灰にして酒で服む。屎《イハリ》（糞）は日に乾して薬研でおろし、粉にして鼻血止めに使い、火に入れて焼くと烟は蚊や虱を殺すなどの効果がある。

駱駝は、馬に似て大きく、羊に似て首筋が長く、四尺ほどもある。両耳は垂れて毛があり、脚は三節あり、三ツに折れる。背の上に二つのコブがあり、鞍の形のようになっている。この間にまたがって乗る。毛の色は茶褐色や栗毛など数色あるらしい。鳴き声はカツ〳〵という。上唇は短く、上歯は少ない。下唇は長く、下の歯は馬のようだ。食べるときはいったん食べたものをしばらくしてまた出し、噛んで食べる。寒さに強いが暑さには弱い。夏至のころに毛が抜けかわり、この毛は織物の素材になる。糞烟はまっすぐ上がり、のろしのようだ。一〇〇〇斤（三〇〇〜四〇〇キログラム）を背負い、一日に二〇〇〜三〇〇里を走る。

両国橋

水源のある所をよく知り、地中の伏流も、らくだの踏みならすところを探すと必ず水脈を見つけることができる。かの天竺は流砂に覆われ、あたり一面渺茫とした深い砂漠である。夏の日はものすごい熱風が吹き、

旅人がこれに吹かれると即死する。その風が吹くときは、ラクダは必ず集まって鳴き、鼻も砂のなかに埋める。人はこれを見て熱風に背を向けて伏せ、やり過ごすといわれる。駱駝は、腹を地に着け脚を三つにたたんで伏せる。

他に明駝《めいだ》というのが遠くまで行けるという。于闐《ウテン》国には風脚駝というのがおり、そのはやさ風のごとく一日に千里を行くという。韃靼国には独峯《どくほう》駝というのがおり、西域記によると大月氏が一対の駱駝を献上したが、これは瘤が一つだったことから、封牛とか墉犬とよばれるとか。穆天子伝や爾雅（中国最古の類語辞典）などにも駱駝の文字が見えるが、南史に出ている、滑国に両脚駝あり、というのは真偽が定かでない。

さて、いま両国広小路に見るラクダは漢書にいうラクダで、白鳳八年、天武天皇に献上されたものと同種のものだろうと。背高六尺余り、胴長九尺余、首の長さ四尺、首を延ばせば尻先より首まで二間余に及ぶだろう。頬は羊に似て目尻は下り細長く、上唇短く、下唇は長い。両耳は垂れて毛があり、馬のような長い襟髪はない。毛は栗毛で毛並はまだらで美しくない。えら先に二尺ほどの毛がふっさりと生えている。ノド筋にも四、五寸の毛が生え、背に二つのコブがあり、大きい三度笠を伏せたものより高く、このコブの間にまたがって乗れば、鞍を置いて乗っているようである。

牡は背が高く胴も長い。牝は一回り小さい。尾は牛のように長く細い。四足ともに節が三つあり、三つに折り屈めるという。足先の爪は牛に似て二つに割れ、脚首にも毛がある。鳴き声はカツ〳〵というそうだが、聞けなかった。轡《くつわ》も綱もつけず、おとなしいのは、先に述べた家駝というのだろう。野駝はこれと違い烈しく荒いという。

この異獣は牡牝睦じく、一緒に歩き、寝食をともにして昼夜片時も離れない。だから、駱駝を使う者は、ひと番いの前に立ってすりがね、太鼓、笛をならすと、牝がそれに随って悠々と歩き出し、牡もまたその次に悠然と歩きだす。そのようにして二、三度、矢来のなかを歩き回った。また、ラクダ遣いが踏み台に乗って襟髪とでもいえるところをきつくつかんで背に跨がっても身動きもしない。思うに、ラクダは虻蝿が羽を休ませる位にしか思わないのだろう。

たくましさは牛の拾倍もあろう、一〇〇〇斤も負うという。絵図を見ていうのではなく、いささか書物から引きつつも、見たままをここに記すのである。

見物人は、だいこんと茄子とさつまいもを買い、自分で与えるが、温順で、まるで自分が飼いならしているようである。うわさでは、ある人が試しに中くらいの茄子を食べさせたところ、一六〇本も食べたという。また、一度に荒麦を三斗ずつ食べるともいう。腹一杯食べると二、三〇〇日間は食べないでも大丈夫というが、その体に応じて食もつねづね多くなるのだろう。

日本は外国と比べると小国なので、牛馬猪のほかに大きい野獣を聞かない。ところが、西戎の国ではラクダの類を養い、農業の助けにしている。よほどの大国と知るべきである。それらの外国は、この日本を小国であると侮る。なるほど、夷狄の大国と比べれば、日本は別名を秋津洲ともヲノコロ島とも、また淡路島などと呼ばれることがある。

しかしながら、日本は天皇の元号がずっと続いており、国常立尊《くにとこたちのみこと》(注1)より今日まで百千万歳、変わることなく皇帝が継承され、五常の道正しく五倫の礼相和し(注2)、世は何ごともなく太平に過ぎ、豊かな実りをもたらす国であるが故に、諸外国より誼を結ぼうと名禽霊獣に至るまで我国に送られ、我々が今ここに異獣のラクダをみることとなっている。君子国の幸徳は何と喜ばしいことであろうか。もし、車三輌に積む雑穀をラクダ一疋に負わせ、一日数度運ばせれば、多くの人力を使わずに大変な利益があるだろう。

昔、享保一三戊申の六月、交趾国より七歳の牡象と四歳の牝象が送られてきた。

私が若いころ、駝鳥という怪鳥を葺屋町河岸で見た。鶴の三倍ほどで首は長く、嘴は短飼った。鷺冠《とさか》は鶏に似て、尾羽根は短く、脚は短く、たくましさは鷲のようである。羽色は金鶏に似て斑《まだら》で美しく、あひるの卵より大きな米の団子を二～三個ずつ呑みにする。

このように聞き伝えられている異鳥怪獣名器稀品の類まで日本に送られてきて、多くの人が見物して楽しみ、ときにそれを食し、また衣類にして、自然風景のように日常身辺のこととして親しんだ。まことに江戸は有難い土地である。

出所：『遊歴雑記　五編巻の中』p.151より

ラクダは左の通り、胴にくらべて首が長く、頭も甚だ小さい。尾は細くぶたのようだ。上唇は三つに裂け、上歯なく、頬は羊に似て、足の爪は牛のようだ。節々に毛が生え、毛色は栗毛の一種である。

このラクダは、去る壬午年の春、肥前長崎へ着岸したところ、寒さに強いが暑さに弱いため、山師の手にわたり、国々を巡り、三ヵ年たって文政七年閏八月、中山道を通って両国の河原へ率いて来た。一一日から人々に見せたところ、江戸中の評判になり、毎日、山をなすように争って見に来る。一人三二文をとって観せるのだから、絵図の制作料はさほどでもあるまいから、ラクダを見世物にしようと目論んだ者たちは相当の利益を上げたに違いない。

ラクダは、日に数百里を歩むというが、人が一緒に試したことではない。脚首が大きく、あたかも人間が足袋をはくように指先を二つに割り、馬のようではないので、走ることは覚束なく、悠々としてのろいものであろう。ことさらな芸も無く、鳴物にはやし立てられては曳き出され、反芻するところを見せようと穀物を少なくしてひもじがらせ、ダイコンや茄子、薩摩芋の類いばかりを食べさせたせいか、九月の末になると弱ってきたとのこと。見物人も日ごとに減ってきて、はたしてどうなることやら。

昔、象の食をだんだんと減らし、四ッ谷中野郷で餓死させた例もあるので、眉をしかめるひともある。誰だろうか落首にして、

頭は鶴背中は亀のめでたさよ、千秋らくた萬歳らくだ
盛衰の苦は色かえるよの中をらくだといふはうそかまことか見るもよし
見すに居るものもらくだろう、百のおあしを三つに折とは

などとうたった。また新内節の小唄につくって、

天竺いでてこの国へ来たはおととし春の頃、献上の身となりもたせで、つらい山師の手にかかり、むさしの果ての両国や、日には幾たび引きだされ、らくだ処が苦の世界、遠い国からはる〳〵と、人目かまわぬ夫婦づれ、よれつもつれつ三折のあしに任せて、あずまじゃ隅田のほとりの仮住居、太鼓や鉦に浮さるるほんにらくだいやないかいな、恨めしや浅ましやつらいせけんに欺されて、今は苦界の憂きつとめ、水に縁ある川たけの両国橋の河原とや、しずみもやらぬ起臥の儘ならぬ世はぜひもなき、ほんに涙の雨やさめ、傾城の身も我とても牛や轡といふからは、おなし務とおもわんせ。

（以下略）

〔注〕
1：天地開闢《かいびゃく》のときあらゆる神に先立って現れた第一神。
2：儒教で説く、五条の道（仁、義、礼、智、信の徳性）と、五つの基本的実践徳目（君臣の義、父子の親、夫婦の別、長幼の序、朋友の信）。

南蔵院薬師競容の力持

武州豊島郡高田村砂利場の南蔵院（天台）は、姿見橋の北、金乗院の南にある。前にも書いたが、文政七年の秋、長く安置する薬師尊の開帳ということで、雑司ヶ谷村の会式を含め六〇日の間、戸張をあげ、尊いお姿を拝礼できるように、また、境内の隅々まで一覧できるようにしたことを書きしるすものである。

九月一四日、所用があり御納戸町辺へ出かけようとしたが、途中ふと思い出してその寺を訪ねようと、一人で柳町から根来町筋、馬場下を通って穴八幡宮へ詣でた。高田植木屋が園中にドウダンツツジなど植えており、木々は紅葉して燃えるような紅に染まっていた。たとえ木の名前は知らなくとも、ことばでは言えないほどすばらしい。白膠木《ぬるで》（ウルシ科の落葉高木）が赤く染まり、菊花が真っ盛りである。木々の梢が薄く紅葉している風情は、自然が造ったものとはいえひとしおおもむきがある。馬場を横切ると団子菊屋の店員が口々に、お寄りなさい、お入りなさいと呼び込んでいるのも一興である。このような

穴八幡宮

賑わいなので、六人の老僧が日常と紛れさせないためにアサ日朝と異名したのだろう。
亮朝院の前を過ぎ、姿見橋でまわりを見渡すと西北にふじの茶屋など、稲荷の山より和田戸山の深林をながめ、東北には目白台より牛嶺を見る。橋下には清らかな流れがあり、両岸には人を招くように尾花がひときわ美しくそよぎ、田には稲を刈る人がおり、刈り終えた稲が伏せて置かれている。林にはカラスウリが赤く生り、ツルモドキが実をつけている。ひなびた田園のふうである。色合いもまた自然のままで一つひとつ興趣がわく。これらは、私がいつも大事にしている根源で、ここあそこと、ときに立ち止まって眺め、歩き行くのは、きりもないことだった。

穴八幡宮

ただ、途中から一人になってしまい、腰にさげる茶具も持参しなかったのは残念なことだった。辻々の茶店の煎茶はいかにもまずそうなので、白湯を啜っているのもまた一風といえるだろう。

そうこうしているうちに、南蔵院に着いた。時間も昼半ばを過ぎず、またこの日は曇って風があり寒いせいか参詣も少なかったので、幸いなことに戸張りの前で間近く尊像を拝むことができた。薬師尊の丈は二尺一、二寸、荒木彫のままではなはだ黒く煤け、左手に小さい玉のような物を持っている。聖徳太子の御作であるといわれる。御足の下の蓮華座も黒くなり、正面の蓮花も二つに割れている。昔、常陸の国に安置し、文政七年で四四六年

南蔵院

になるというのは、住持の話しである。

この開帳の間、江戸で有名な力持の者たちがここに集い、およそ四十数人が快晴の日に奉納の力持ちを人に見せている。東西の大関も金蔵久太郎と定め、関脇を佐七常吉とし、小結の頭取より下に至るまで並の力量でなく、四斗入米俵を空へ投げ、それを両手で受けとめたりしている。米三俵を一緒にくくってあるのを、座って両腕をさしのべて持ち上げ、しばらくその状態を保ったあとで肩へ乗せて立ち、小躍りしながら手拍子するなど、世間でいわれる香具師などの力持の類ではない。

こうして、南蔵院門前をはじめ辻々には、角力の番付けのように東西の関脇、小結などの名前を書いて人々に知らせている。力持は今回だけではなく、夏には深川八幡、本所羅漢寺の開帳の折りに、これらの力持の者たちが申し合わせて集まり、興行しているので、江戸一般の評判になっている。元よりすごい力量なので、絵にして張り出し、錦絵として掲げ、店は特につりさげている。南蔵院の開帳は、何もない片田舎ながらこのようなことからたくさんの人たちが集まる。薬師の不思議な霊験か力持によるものか、それぞれの人の心とはいえおもしろいものである。

山吹之里

深川佃田町　亀井家の林泉人丸の社

江戸深川佃田町河岸通の亀井能登守浜屋敷は、富岡八幡宮の川向かいにあり、最近、人丸の社をつくり、一八日ごとに門を開いて人々を招じ入れ、庭園を見物させている。三日、一八日はことに人が集まってくる。

亀井家は、石見の国（島根県西部、石州）で四万三〇〇〇余石を領し、鹿足《かのあし》郡津和野(注1)に居城し、柿寺の人丸も同国美濃郡戸田の小野という所で生まれ、後に、高津の浦の鴨島、水島の二島に住んでいたので、亀井家は小社を建て崇敬するのだろう。例えば、京極の伊駒家に金比羅神を勧請し、有馬玄蕃頭の屋敷へ水天の宮といって二位の尼を祀ったようなものである。

門を入ると左手に庭への入口がある。数十歩のところに銅の手水鉢、龍の口を捻った大きさで四斗樽の三倍はあろうか、水はおよそ二〇荷も入るだろう。かたわらに手拭掛けがあり、江戸で有名な呉服店や銀座三丁目の藤間館をはじめ、新吉原の世に聞こえた傾城（遊

都道473号線より佃島を望む

女）や舞台で憂い顔を見せる役者の類まで、思い思いに手拭を何本も奉納している。浮気者を誘うのでもあろう。右の方へ少し行くと、長さ四間幅二間の絵間殿があり、時には神楽堂にも使うのではないだろうか。

人丸の社は北向きで、拝殿は二間に三間、種々の神宝や神酒などをうやうやしく飾り、神主と思える宮番が一人、そばに座り、人々の求めに応じて神酒をふるまっている。この拝殿より本社までおよそ三、四間の間にうすべりを敷いているが、わざわざ本社の内陣へまかり出て神影を拝む人もある。人丸のそれは木像で、着座した七八寸のもの、誰の作か言い伝えはないが古い作と見える。

拝殿の左に座敷があり、東、北、南の三方

を見晴らせるように作り、長押《なげし》の上に種々の和歌や俳諧の額が隙間なくびっしりと懸けてある。座って、庭園の景色や参詣の人々が広い庭を行き合う様子を眺めているのも面白く、挨拶を交わしてしばらく憩っていると、かの宮番が硯箱に短冊をそえて持参し、何でもお詠みくださいと言う。私はそのようなことはとてもできる者ではないと固辞したが、丁重に是非〳〵にといわれる。そこまでいわれてやらないのも臆したと思われ、また、詠吟しないのは恥辱を遺すようなので、やむを得ず筆をとって詠んだが、即興なので人に笑われるであありましょう。

ほの〳〵とあかしの浦の限まで　見切るばかりの和浦《なぎ》おしそ思ふ　大淨

さて、この座敷より今来た路を振向くと、長屋門の向こうの土蔵、拝殿まで屋根の瓦が赤い光沢があり丹の類を塗ったようである。どうしてなのかとたずねると、石見の瓦で、とても堅く、鉄のようで、水も染み込むことなく小雨でもしづくがしたたる。赤いのは土の色で染めたのではない。この瓦は時折り仏物として出すこともあり、好きな人は国元に注文してあつらえる。江戸の瓦よりも少し高い、と話してくれた。雨露が染み込むのは屋根にとって一番困ることといいえ、瓦は黒きものとばかり思っていたので、色が赤くつやつやとしていると目立って異様に見える。そこで、ここを離れて本社のうしろを見ると、垂木、軒下、壁はみな茶大津という土で塗りたて、しかも壁は一面に大綾形の模様に塗っており、とても目立ってめずらしい。

庭園をそぞろ歩くと、右手の林間に茶屋があり、床机を並べて客待ち顔のようなので腰を下ろし、煎茶を啜りながら景色を楽しんだ。池がつくられているが、その中央に四、五間四方の島があり、屈曲する松が水面に影を落とす様や、渚の白い砂利を敷き並べたそのきれいさはいうべくもない。あるいは不思議な形をした石が幾つとなくおかれ、怪巌とでもいう景観をつくっている。池は広く、長さは三、四〇間、幅も二〇余間あるだろう。左右の池縁には桜、楓の木や松の類が繁茂し、春はことさらに風光もひとしおだろう。しばし右に左に見漏らさないように頭をめぐらすと、多くの人が池のまわりをめぐる姿にもおもむきが感じられる。

その後、南の方の林間から峡谷を登れば、芝山がなだらかに平原のようにひろがっている。近辺の男女がたくさん集まって海上の景望を楽しんでいる。子どもたちは、芝山から俵転《たわらころび》といって、横に臥せて滑り落ちたり、角力をとったり、追っ掛けっこをして走り回ったり、水筒によろこび拳を打って遊んでいる。人それぞれ、思いもまた一つで無いところが面白い。

三方とも晴れ、暖かく日当たりもいい。まるで乳母の懐に抱かれているようだ。平山の裾には植込みがあり、ねぎ、だいこんのようなものを植えて広く、その向こうは芦や茅の類が繁茂し、それより先は一面、海がひろがっている。東は上総浦を眺望し、西は芝浦より品川、河崎、神奈川から本牧の端、浦賀の沖まで見渡せる。南の方はすべて目に障るものなく、大洋の風色はまことに妙なるもので、とやかくいう言葉はない。本日、九月一八日は風もなく、海上は穏やかでまるで陸地のようだ。

汐入を堰とめている雲井の橋という橋を渡り、池の水ぎわにくると、東の方には田や畑、沼があって、広さは東西三町、南北四、五町あろうか。池は海水が入るようにしてあり、コノシロ、イナ、キスなどが多く生まれるらしい。深川佐賀町の真田家の下屋敷にべると三倍以上広く、しかも絶景である。ただ、小日向からだと二里ほど遠いことが難か。

東の池縁を歩くと竹やぶのなかに茶室があり、広い庭に石を配置して、待合いと中立、開きの間を兼ねている。佃町を往ききする見物に供するようにしているのだろう。これより、萱ぶきの門を出て手小鉢のそばへもどったが、広いことかくの如しである。

先に述べたように、人丸という人は、石見の国美濃部戸田郷小野という所の人である。名もない貧しい者の裏の畑に柿の大木があった。ある日の早朝、その妻が裏の畑に出たところ、その柿の木に寄りそって奇骨異相の天童子が立っていた。彼女は驚いて夫にそのことを話すと、夫は怪しんで出てきて、誰ですか、ご様子は普通ではないと見えますが、と問いかけた。その天童は、我もとより父母はおらず、生死去来（注2）の世界に住み、ただ風月を主として敷島の道（和歌の道）に生きている、という。

夫婦はたいへん喜び大切に育てたが、起居動静を不思議に思い、役所に届けた。届けは内裏にまで伝えられ、勅使（天皇の使者）が下向し、連れて都に赴いた。その折、

敷島の道をたつぬる人あらは　柿のものとには草はしれらし

と詠じ賜った。

このことから、ここを柿本といい、その筆跡と柿の木が残った。

こうして宮中に出仕し、持統、天武の両天皇に仕え、広く和歌の妙義をあらわしたことから歌仙の第一と仰がれ、柿本の人丸と名を使うようになった。正三位に昇進したが、讒《ざん》

言《げん》によりしばらく蟄居するも、万葉集の範者として再び内裏に登用されて和歌御師範となった。水草の浄きを愛し、生まれた国をなつかしく思い、高津の浦の鴨島、水島の二島へ帰り、住まいを建てた。ときに九六歳、すでに死を覚悟し、風月に別れんと辞世に、

石見潟高角松の木の間より　うき世の月を見はてぬるかな

と詠った。

神亀元年中子の春三月一八日、死去した。

いつのころか、鴨島を津波が打ち崩し、木の間の月といって愛でていた二俣の松もなくなってしまったので、歌とは離れるが高角の方へ渡ったところを松崎と呼んで、旧蹟を遺すことにしている。和歌三神の一人と崇敬するだけでなく、信心のうえからも尊重するのは、火災疫病を逃れ、また人丸の長寿にあやかろうとするからである。

国史や旧記からかいつまんで記しておく。

当家が人丸社を新造し、祀るのは、さる文化年間、亀井能登守が領国の石見・津和野へ入府の道中、駿州奥津の本陣にいったん止宿した。後れた供たちが夜になって興津の宿へ

到着したところ、急に供ぶれして急いで江尻へ本陣を変更するという。足軽以下の者たちは合点が行かなかったが、主人の命令で止むなく江尻へまかり越した。すると不思議なことに、その夜深更に及んで興津が津浪によって流失してしまった。人馬鶏犬死亡するもの数えられないほどの被害が出た。興津の駅に止宿していると、亀井家主従幾百人、空しく海中の鬼となるべきところ、霊夢の告によって上下とも安穏であったことは、まったく人丸の神験なりと、社を営み、拝殿、絵馬堂、神楽殿に到るまで造営し、毎月一八日に多くの人たちと拝礼することになったのである。

[注]

1：鹿足郡津和野町山陰の小京都と呼ばれ石見半紙が特産、森鴎外、西周の旧居がある。

2：「生死去来真実人体」からきた言葉。生まれ変わり死に変わり、こなたより去りかなたより来たるこの凡夫の身体が、如来の真の法身としての真実人体に他ならないことを示す。(『正法眼蔵』)

古市杉本屋の伊勢音頭

三州幡豆群吉良庄大塚村より勢州へは、船で八里という。いつでも行けるように船もあり、遊山する人も少なくない。順風であれば一時間半で着岸できるという。

文政七年、ちょうど良い船があるといって、伊勢神宮への参詣を誘う人があった。四月一〇日のことで、私は宝物を披露している役目で少しの間も離れることはできないので、土田彌左衛門と平兵衛の二人がそこ〳〵に旅の用意をし、一三日には村へ帰ると言って、桐油（灯火）を持たずに室崎という処より出帆した。乗合三五人であった。

ところが、約束の日を過ぎても彌左衛門たちは帰ってこない。一二日から北風がつよくなり一四～一五日ごろはどこかの舟が一艘沈没し、多くの人が溺死したとのうわさもあった。気の毒に思ったけれども詮方なく、その舟が両宮参りの船であるかどうかもわからず、たゞ思い案ずるばかりだった。風が止むのを待っているか、陸地を遠まわりしているか、あるいは破船し沈没したのだろうかと、いろいろ話し、日夜たゞこのことのみを心配していた。

するとー七日の夜、案内人をつれて彌左衛門たちが無事に村に帰って来た。生きかえった人に逢うがごとくで、一同大いに喜んだ。

一三日帰るべきところ四日間延びたのはどうしてかと尋ねると、一〇日の巳の刻過ぎに室崎を出帆し、未の上刻、勢州、磯辺通へ着岸。処々見物して朝熊《アサマ》へ泊まったが、翌朝より雨がふり出し、雨具がないので皆困りはて、三河への船もなく途方にくれた。雨がやむと今度は風が烈しく、船は出ない。あすは穏やかだろうと二日逗留したが、風は一向におさまる気配がなく、そこで陸路を旅し、白子・神戸に着いた。

勢州若松という所にまた一日半逗留して、風を止むのを待った。風もやんだので若松より尾州大野へ一〇里の海を渡り、三河へ陸つゞきといえどもよく知らないので、大濱という所より人をたのんで帰村した。それで日数が延びてしまったと話すのだった。

彌左衛門は、此度の旅は心苦しいばかりであったという。雨具の用意もなく、風も良くないので二日間待っても船は出ない。かれこれひまどり日数を延ばしている内、大切な切念も無くなったらどうしようとたゞ気をもんで遊山もできない、とこぼした。

そう言いながら、彌左衛門は、勢州へ着岸した翌日、古市も杉本屋の菊寿楼で若い女の

伊勢神宮

伊勢音頭の手踊りを見たが、逸品で面白かったとくわしく物語りした。

菊寿楼というのは、三間四方の座敷で、西の方が違い棚などのある壁になっており、残り三方が庭になっている。客は座敷の真中にもうせんを敷いてその上に座り、酒や数々の肴を飲食しながら見物する。三味線をひいて音頭を歌う女二人は座敷の端に着座し、調子を合わせて弾き歌うのに、一七・一八から二〇歳位の若い女が、縁側で手踊りする。彌左衛門、平兵衛が見たときは一八人だった。髪は嶋田や嶋田崩しが多く、丸髷《まるまげ》もあった。赤い縮緬《ちりめん》の長襦袢《ながじゅばん》に、白地に紫染の大観世水の絹の袷《あわせ》、裏を紅に染めた広袖を一同着し、帯は繻子《しゅす》、純子、小折厚板天鵞絨などを自分の好みでたて結びにし、背中に金銀の団扇《うちわ》を着け、このうちわに大文字で女の名を一字ずつ書いてある。秋、鉄、光、兼、市の類なので三度おどって回る内にその容姿を見たて、鉄にしようか、兼にしようか決まるとか。

音頭がはじまり、一八人の手踊りの拍子はもちろん、身振り、足拍子、かけ声まで一同そろうのは有名で、美婦の鮮やかな踊りの間に流し目で客を見る風情に、色を含み媚げる様子は賑やかで古市の風情なのだろう。音頭の節は自然に今様になり、古風を失い、唱歌の文句も古来謡ったものとはずいぶん違い、品を落として作りかえたものである。そうはいっても音頭の歌はこれこれと知らせたく、書きとめて置くものである。

いせおんど菊のことぶき

神風のいせのふるいち、ふる事の、そのやま水をいまこゝに汲てぞ、しろき菊の酒飲めばときめき気をうかれ、さいつおさえつ盃の数も、八重菊やへかさなれば、しどけなりふり見たれきく、裾の紅粉《べに》きくはらく\と、はきの白きくあらはになれど、仙家の客はよそにのみ、見てややみなん床入は、しはしいはとの恋のやみはやせやはやせ、笛太鼓つゞみかたけの鶴の声、弾さみせんや琴筥《はこ》のふた見とけさばわかれても夕べはまたもあむ石《せき》いとしといへば、いとしと答ふ、ながれの身にし五十鈴川、きよきこゝろのまこと、つくねやのむつかといひ過て唇寒し秋の風、あちら向たるかた葉のあしのひんとすねては、みすれども中直りするや濱萩の濱の真砂の儘せぬえにし、ふたつ枕のいなあふせ鳥、屏風の内はなにことのおわしまするはしらねども有難さには萬年の後のいのちは君次第、しやうりくらりの千早振、神のかしこきめぐみをこめて、いつまでさくの宿のひさしき

杉本屋では、右の唱歌を菊水入り糊入紙の一枚に摺り、艶楼に遊びに来た者へさしあげていたようだ。作り替えられるものならば半大夫節、河東節などの文句に似せて上品に作ればと思うが、野卑でいやみな歌は、ただ伊勢の国のものを交えているだけで、とても文才ある者が作ったとは思われない。

古代の音頭の文句と節をたづねると、今の世に知る人は稀で、自然と無くなったと思う。古雅を失ひたるは残念というべし。思えば前述した安藤家に伝える御家踊の文句は古雅に

して、上品で面白い。里のことばに、伊勢は津で持つ、津は伊勢にて持つとある。

大神宮あればこそ古市も賑わうのだが、こういう賑わいはいかがなものか。伊勢乞食なるものが言われるのもやむを得ないと思われる。ただし、以上のことは彌左衛門、平兵衛両人より聞いたもので、直に見たことではないのでくいちがいがあるかもしれない。

曲亭馬琴の日記、西遊記伊勢の国のくだりには、しばらく滞在して古市の妓楼をうかがうに、大同小異で違ったことは無い。金を使う馬鹿もので義理もしらず、張り合うこともなく、無性に金をほしがる伊勢乞食の徒に金銭を見せびらかして馬鹿になってあそぶ。花の御江戸の一風にして将軍のお膝元にできあがる気性、何ぞ他国の猿冠者が真似のできようか。

雑司谷村の起元　鎮守の濫觴

武州豊島郡巣鴨の庄雑司谷村は、禄高八十八石二斗八升七合九勺あったといわれる。すなわち東は小石川村護国寺まで、南は日向台組屋敷より高田四家下高田村をかぎり、西は巣鴨村代地より池袋村までを境とし、北は巣鴨村まで。南北およそ一〇町、東西は西青柳町より池袋村まで、およそ一四〜一五町。惣家敷一六一軒である。ただし百姓、町方、門前町家も含む。

この村の以前の領主は、北條の分限帳に記載してある。永禄二年の筆記で、太田左衛門太夫源持資入道道灌翁より四代太田新六郎康資、五代太田新六郎重政まで界隈一園の領地だったが、中世より一村高の総石高に御代官領、市ヶ谷自證院、伝通院、芳心院、清明寺と五ヵ所の領主が入りまじっていた、とある。

されどこの村名を雑司谷と名付けた濫觴《らんしょう》によれば、昔、内裏の政務や儀式を担当する役人として勤務した柳下若狭之助、長島内匠亮、戸張平司右衛門などという者たちが、南朝と北朝の双方が並びたって国内が穏やかでないので国の存亡をうれい、子孫の永久を思い、官を辞し浪人になって乱を避け、一同当村に落ちつき住居をさだめた。以来、誰言うとなく雑司谷《ゾウシガヤ》となったとのこと。

右の者たちにつながる家は、今も百姓として多く残り、村に居住している。昔からの古物刀剣を伝来する由緒ある百姓が四軒あり、一説に小日向上水ばた恵日《えにち》山金剛禅寺の蔵主の領地だったので、昔は蔵主が谷といったという。金剛寺の伝記に申送りがあり、禁中（皇居、宮中）役人の由緒書があるという。昔からの伝来の品は左のごとし、

一、八幡銅像一躰　　名主文右衛門
伝来す、由来

無量山傳通院寿経寺

は不明。

一、鬼子母神産湯の釜　右同人所持、大きさ二斗焚ほど。銘は天満本《てんまんもと》六右衛門と刻印してある。いつごろどこの鋳物師なのかは分からず、先祖より持ち伝えていて、永禄四年四月、山本丹右衛門という者の深い田より鬼子母神の像を掘り出した折、この釜にて洗い浄め、以来、この名が付いている。

一、長光の刀　右同人伝来

一、肥前の伊賀守脇差　右同人伝来

一、和泉守兼貞鑓《やり》　名主平次左右衛門伝来

一、国光短刀　右同人伝来

一、長島氏系図　年寄文左衛門伝来

一、仁木氏系図　年寄安兵衛伝来

村名は、前記したように雑司谷と唱えきて年月が流れたが、蔵主ヶ谷とも僧司谷ともあるいは曹司谷などと、それぞれ認めてきた。中世、徳のあるお方が参った際、村で書かれた文章がまちまちで分かりにくく、混雑（混同）しているので雑の字を用いたらどうかと仰ったので、以来、雑司谷村としたという。

この村は広いので、いろいろな字を使って地名としている。南、北、西小北原、水久保、中島、西原、向原、車門、大門原、検校島、浅井原、亀田、窪、弦巻、星谷、亀甲島、向山、地谷と、雑司谷を入れて一九の地名がある。

雑司谷界隈の古来の鎮守というのは、御嶽清立院に祟る蔵王権現である。この祭神は、日本国四二社の内熊野権現の一社なりとも、または和州吉野山蔵王権現なりとも、金峰山蔵王権現なりともいわれる。あるいは、少彦名命とも、安閑天皇を祭るともいい、伝来はいろいろだが、鎮守と称し、久しく崇めてきた。

傳通院を墓側から

永禄四年五月、丹右衛門が所持する清らかな田んぼ深くより鬼子母の立像を掘出し、天正六年四月、稲荷の社地へ崇め置いた。八八年を経て寛文六年、浅野弾正大弼長政より七代目にあたる安芸の守光晟の内室（加賀大納言利家卿より六代目、加賀宰相綱紀《つなとし》の息女、法号自昌院英心日妙大姉）は、日蓮宗信仰の念あつく、この鬼子母の社を建立した。その時から社頭は今日の姿になり寛文八年、境内二一〇〇坪、表間口三〇間奥行七〇間、除地《よけち》（領主から租税免除）になり、茶屋町が少しずつ両側に立ち集い、霊験あらたかといわれ、都や鄙の貴賤男女が足を運ぶようになった。

　鬼子母神堂は、法明寺の大行院を別当としている。大行院は昔、東陽坊と名づけられて

「於大の方」の墓

いたが、住職の日性の代に鬼子母の像を掘出し洗い清めた由緒によって別当となった。年を重ね日毎に人々が群衆し繁昌しているので、昔より鎮座している蔵王権現をこの地の鎮守であると知る人もなく、土地の稲荷神を以て雑司谷の鎮守のように思える時世の変化は、ひさしを借りて母屋をとる類であろう。そうではあるが、明和の末、安永のなかごろより堀内村妙法寺の祖師がふとしたことから流行病にかかり、雑司谷はさびれてしまった。そのうえ、鬼子母神の合祀社殿として圓満具足神と出世大黒天を祀ってしまった。具足神は内陣、鬼子母神の左に据え、大黒天は瀬戸の焼き物の陶工《すえもの》にして鬼子母神の石に安座し、寄附をした人も由来や年号も定かでなく、作者もわからなくなってしまった。

一、稲荷の社は、当院内の昔の地主で弘治年間の勧請というが、鬼子母神を此地に歓請したのは二四年前なので、元々の稲荷社を今は、鬼子母神の本堂としている。奉納の絵馬などの古いものはこの宮に少しある。

一、鷺大明神は、祭神が瓊〻杵尊とかいわれる。本来の姿は、十羅刹女神の弟皇諦女《こうていにょ》という者で、疱瘡の疫神として出雲の国神戸郡鷺の浦という所にあった。

正徳二年、松平出羽守の嫡男が疱瘡に罹った折、この神様が我が国の守護として見捨がたく思われ、雲州鷺浦より現われて、疱瘡から守るよう鬼子母神の傍に崇むべしと仰った、それで境内に勧請したと縁起にある。ご神体は、美しい玉に類する礫のようなものだという。湯の尾峠の孫嫡子の神と同じく疱瘡やはしかなどの神であろう。権化して世にあらわれる神佛の威力に及ばないのは、天元の数の違いともいえる。

しかしながら、どうして流行病の神などがその力で人の命の延命を左右できるのか。仮にも神と称し、人とは違う身であれば、少しは神通力もあって、不治なのか治るのか、どうすれば快気するのか、わかるのだろう。重い疱瘡で死んだとしても、疫神のせいではない。死ぬ時が到来して発病するからだ。諸々の病には、医者もいるし薬もある。おろかに、ものごとに惑わされる人には、言葉もない。

一、鬼子母神のことは、寺記によると永禄四年五月一六日、山本丹右衛門の深田より炭の如きものが鍬先にかかり、取り上げてみれば、不思議な像なので東陽坊へ持って来た。五世の住職日性がみれば、普通の鬼子母の像とは異るので佛殿の傍に置いて、一〇余年過ぎた。日ごろ、日性に随従していた安房の国の若い僧は、天正五年、何を思ったのか、これを密かに盗んで故郷へ帰ったが誰も知らなかった。

しかし、その僧が発病し、物狂わしく口走って、我は武州雑司谷の鬼子母神也、昔は名家に崇敬されたが、年久しく汚泥の底に入った。今、かの地の者、機縁すでに熟し、結縁すべき時を得たのに、此の僧、心得違いをして故もなく持ち来ってしまった。すみやかに我を雑司谷へ送り帰すべし、そうでなければ、此の僧及びこの土地の人々に害が及ぶだろう、などという。

里人はおどろき、すぐさま安房を出帆して武州巣鴨の庄をたずね、ある農家で、しかじかのことを話すと、その人は、東陽坊の今の住職は自分の伯父だという。不思議なご縁であると雑司谷へ同道してもらうと、件の鬼子母像の霊験をありがたく思い、さらにそれを聞き伝えて人が集って来た。やがて、小社を建てて遷座しようと稲荷の宮があった林を切り開いた。

里人は心を合わせて助力した。天正六年釿《ちょうなはじ》始めの五月朔日に建立し、彼の像を遷座し、郷土の鎮主とした。ところが寛文六年春、加越能の大守の息女で、安芸の大守吉長の妻が祈願をするため新しくお社を建立して以後、その霊験は日々いちぢるしく、参詣の人々は櫛の歯を挽くがごとく、絶え間のないこととなった。

当社は春夏の祭礼がある。春の例祭を奉謝という。正月一六日に僧たちはお経を読誦し、氏子たちは、神酒供物を奉ずる。近郷の人々が群参し、胙《ひもろぎ》を取り競う祭としている。六月一五日は郷の人々が鋤、鍬などの農具を持参し、社頭の草を苅り、神酒をいただき帰宅するのを草薙の神事という。

鬼子母天の父を連歓喜といい、夫は圓満具足天と名乗って千人の子を持っている。皆この世に災難をもたらす悪神である。しかるに鬼子母天は、心はあくまで強悪非道で、常に人間の子どもをとって食べている。愛する子どもたちを奪われ、ながき悲しむもの貴賤を問わず幾千万人に及ぶ。

釋尊はこの鬼王を教化し、衆生の憂いを除こうとおぼしめし、あるとき、鬼子母の千人の子どものなかから特に愛情をかけている末子の愛奴を奪い、神通を以って鉢の子のなかへ隠した。鬼子母が外から帰り、愛する子どもをさがしたが行方がわからず、嘆き悲しんで雲を分け、水底に入り、天上人中くまなくさがしたが影さえ見つけられない。そこで泣きながら佛様の所へ行き、丁重にかしこまりお願いをした。

世尊は一切の衆生を満足させることがお出来になり、神通力は無限。過去、現在、未来の三世をご存じであられるとお聞きしております。私の大事な子どもの居所と今どうしているのか教えてくださいと、なげき悲しんでお願いした。

釋尊は答えるに、汝は千人の子を持っている。たくさんの子どものなかのわずか一人の子どもを失ってもなげき悲しみ泣きさけぶのは、この通りである。まして一人か二人しか子どもを持たない者は、その子を失うなら親のなげきはいかばかりか。汝の子を失う悲しみにより、人間の子どもを失う歎きを察すべし。今から先ずっと人間の子を奪い食べないなら、我は、そなたの心をよく見て考えよう。もし心をひるがえし、善道に至らなかったら、この後も、汝の子を失うことがあるだろうと、よくよく教えさとした。鬼子母はたちまち邪悪の心をひるがえし、佛の教えに従うことの誓いを立てた。

それを見た世尊は、鉢の子のなかよりかわいい子どもを出し、鬼子母に返し賜わった。四無碍辨《しむげべん》を以って説法、教化したので、鬼子母天は佛法を守る善神となった。鬼子母は、我れ今より千人の子とともに佛の精舎に佛の説法を守護します。男女の子どもを欲しい人には、思い通りに与えましょう。また、安産を願い乳を願する者には速かにその願いをかなえます、と誓ったという。

世尊、霊山の法会には鬼子母も参加し、それ以来、法華経を読誦し、説法を修行する者があれば願いの如く守護し、安穏ならしめんと誓った。これによって、鬼子母天は此の宗旨の守護神となった、という寺の記録を略して書き置くものである。

滝川氏軍中拝領信長の刀

江戸駿河台の滝川八之助は、両御番（注1）を勤めて九〇〇石を領した。当家の祖先は滝川左近将監一益《かずます》といい、勢州桑名の城主で七〇余万石だった。織田信長の天下が豊臣秀吉に変わったものの太閤が死去し、秀頼が自殺したために子孫は山村へ引きこもったところ、神君家康が一益の武勇を慕いおぼしめし、新に二〇〇人扶持に見出された。後に二〇〇〇石を拝領した時、一〇〇〇石を弟へ分け両家となったが、惜しいことに弟の家は潰れて今はただ八之助のみ相続し、代々、名乗りの頭に一の字を使っている。

当家の先祖一益が軍中に於いて信長より拝領した大小の両刀があった。朱鞘《しゅざや》で、縁頭、鍔《つば》、鐺《こじり》、みな鉄を使い、鞆《つか》は、両刀とも皮を巻き、鞘は鉄で、目立つような拵《こしらえ》は一つもなく、茎《なかで》は厚くとがり、短い。無銘だが、切れ味は氷のごとくするどい。すぐれたつくりだと思われる。脇差には鍔がなく、縁頭に瓜《くわ》の紋を彫っているが、これは織田家の定紋であり、信長軍中を示す差料である。

駿河台

両刀の目方は、一貫四、五〇〇匁はあるだろう、朱鞘の色も良く見るとそれほど赤くはなく、漆の光沢も普通でない。ただ頑丈なのを専らとし、拵に凝っていることもない。戦場の差料であれば、そういうものであるべきだろう。今、八之助の持高は九〇〇石というが、先祖の左近将監一益の血脈が嫡々と続き、このように由緒ある家宝を代々伝えている。先祖をはずかしめないのは名家ともいえよう。

今の世は治まっている風ではあるが、両腰は拵えにのみ関心を払い、縁頭、鮫、目貫、小柄、そして鞘以下にいたるまで飾ることだけを好み、かたちだけをよしとする人が多い。茶人もまた同じで、鷲花は未熟なのに数寄の道具のことばかり気にして、物知り顔にしゃべるのは、今の世のはやりでもあるのだろう。もはや笑うしかない。

［注］

1：小姓組、書院番と併せて両番といわれ、ともに殿中の警備、将軍外出時の供奉、遠国御使などを務めた。また、昼夜の江戸市中巡回、屋敷改、進物番などの職務を兼ねた。

星跡の清水の由来　草薙の神事

鬼子母神を掘り出した所は、本浄寺の南半町ほど離れた清らかな林のなかだった。ここを清土と呼ぶようになったのはこのことからだが、以前は一面の深田だった。今は岡のように松や杉が繁茂し、中央にいささか小ぶりの社を建て、大行院の所属としている。傍らに三角に造作している井戸の所が鬼子母神の像を掘出した土地である。江戸の地誌である『江戸砂子』にいう星跡の清水というのがこれである。

伝えられるところによると、昔、ここへ夜な〳〵星が落下するのを不思議に思い、そこを掘ると、鬼子母の不思議な像があった。時に永禄四年五月一六日のことであった。今、ここ一反六畝ほどの地は年貢免除の除地とされ、岡のまわりには清流が流れている。水源は西北の池袋村の境の池ヶ谷というところにある丸池である。およそ五、六間の小さな池で、ここから湧き出して法明寺の門前、御獄の下を通ってここに流れ来る。中ほどを俗に弦巻川と呼び、西青柳町、音羽町西裏通りを過ぎ、目白坂より上水の下を潜って江戸川に合流する。
清土の通りに鬼子母神出現地と高札を建て、旧跡を教えている。
この雑司谷に、誰が言ったのか八境の風景というのがある。

星跡の清水、御嶽の夜雪、姿見橋の鷺、弦巻川の螢、威光山の花、三島の神籬、鼠山の秋草、池箇谷の月

右八景の内、三島の神木は大榎に注連のみ掛かっていて、今の社には無い。以前書いた鬼子母神の草薙の神事は、天正六年六月一五日に土地の人たちが集まって稲荷の社地の草を刈り取り、鬼子母の像を移したことに因み、

鬼子母神堂

今も六月一五日に、氏子の内の役職一同が神酒を献げたのち直会を催すが、神事というほどのことはない。とはいえ、鬼子母神の社地に限って今も草一本も生えないのは、深い由緒によるものだろう。

おすゝめ散歩コース

・オルゴールの小さな博物館
・菊池寛旧居跡
・雑司ヶ谷宣教師館
・〃　霊園
・本納寺
・鬼子母神
・法明寺
・千登世橋、学習院、血洗池、乃木館、切

鬼子母神堂

手の博物館

・鬼子母神産湯の釜

鬼子母神前駅

新材木町白子屋一件　くまが墳墓

芝増上寺の地にある常照院は、アカン堂と呼ばれている。その訳はいくつかあるようだが、秘仏を安置しているので開帳しないからだとも、本堂内陣が赤いのでそう呼ばれたともいう。ここに、享保一二年にお仕置きにあった新材木町白子屋の娘、熊の墓がある。

知られているように、八百屋の娘、七は火付の大罪に問われた。多くの家を焼失し、人々を難渋させた罪で、鈴が森で火あぶりの刑に処された。白子屋の熊は、毒殺の疑いをかけられただけだったが、下女菊の不届きから悪事が露顕し、罪に問われて浅草に於いて獄門にかけられた。

二人の罪は互角ともいえ、誰しも憎むべきだと思うが、七の墓をたずねる人は多い。しどけない美少女と思い、縁の無い者も一度は回向しようとするのは死後の幸せといおうか。他方、白子屋の熊は不貞の淫婦と悪くいわれ、葬った所さえ知る人が少ないのはどういえばいいのか。狂言物語に惑はされてしまったからか。これは、まったく熊の不運というべきだ。
熊の墓は市川団十郎の墓のとなりに在り、浄譽慈月晴雲信女と書かれているのがそうである。後ろに零菊信女は下女の菊、恵教信士は下人忠八で熊の密夫である。久貞信女とあるのは下女のひさで、四人それぞれ死刑になったが、内密に死骸をもらいうけて葬ったとみえる。

〈略〉

新材木町を過ぎたあたりに、髪結の清三郎という者がいた。白子屋庄三郎の家の者と親しくなり、毎日のように白子屋に入りびたり、手代の忠八とも仲良くなった。二人で共謀し、ある夜、あぶら町の呉服店、金屋利兵衛の家の裏切戸から清三郎が忍び入った。下女を斬

常照院

り殺し、利兵衛の娘のきくの箪笥から櫛や笄、簪をはじめ衣類を盗んだ。忠八は同時刻にとなりの両替店、伊勢屋三郎兵衛方へ忍び込み、五〇〇両を盗んで逃げた。

また清三郎は忠八に頼まれ、白子屋の養子又四郎が松平相模守より六〇両を受け取って帰宅する途中、日本橋四日市に待伏し、顔をかくして喧嘩を仕かけ、金を奪い取ろうとしたものの下男の長助にかなわず逃げ去ったことまで一部始終露顕し、下総の国より召しとられ、引き廻されたうえ浅草で獄門にされた。

白子屋の住居は、新材木町河岸通り新道へ入る角、最近まで和国餅という餅屋の居たところで、表間口一二間、奥行二五間、一一〇〇両の売り値の土地を一軒の住居にし、近辺ではつぶよりの豪家だったと言い伝えられるが、家は断絶した。

この一件は享保一一年冬より数回取調べがあり、白子屋庄三郎の家の者それぞれに罪の軽重はあるものの翌一二年二月二五日に処断された。文政乙の酉年(八年)で百年忌になる。

伝えられるところでは、庄三郎の妻、常は平生から華美を好み、黄八丈を着て、外出するときは派手な印籠に太い紐を長く結んで歩いていた。娘の熊は手代の忠八と密通し、聟《むこ》の又四郎を毒殺した企ても、もとは母、常の躾《しつけ》が良くなかったからであろう。劇作者が「恋娘《こいむすめ》昔八丈《むかしはちじょう》」という浄瑠璃本を書き、白木やお駒という人物にしたのがこれである。

役者絵で有名な鳥居清長は家名を白木屋という。庄三郎の別家で、父親から庄三郎の家が盛んだった話なども聞いていたらしいが、清長も死去し、今の鳥居清満という者はどういう人物なのだろうか。

何事も世の中は、「往事渺茫として都《すべ》て夢に似たり、旧遊は零落して半ば泉《せん》に帰《き》す」と白楽天がいうのも、もっともなことである。

源空寺中　幡随院長兵衛が墓

下谷新寺町の源空寺（浄土）は、東本願寺添地の北隣にある。以前、鐘の銘のことや源空上人の木像、ここへ移転してきた事情などについて詳しく述べたが、この一〇余年前、幡随院長兵衛の墓を掘り出したところ、浅草花川戸町に住んでいたことがわかった。

花川戸町の好事の者がそろって碑を建立し、法事をいとなんだが、芝居の関係者、なかでも名優といわれた松本幸四郎綿幸が幡随院長兵衛の狂言が度々当たったことから、当代の幸四郎綿升もこの縁で三度、幡随院長兵衛を演って評判が良かったようで、その石碑の後に卒塔婆を建てた。知らぬ人からも回向、追福されるのは幸せ者というべきである。

石碑を写したものは左のとおりである。

慶安三年から文政八年まで一七七年になる。親族も絶えて、施主の山脇惣右衛門という者も家を失い、断絶したのだろう。無縁の碑のため土中へ埋めたのを近ごろ掘出した。年号だけ彫り付けて死去した日時がないのは、存命のうちに建立したものと思われるが、施主の名があるのは没後に建てたとも思われ、いぶかしいことである。

道散というのが長兵衛で、壽散というのは妻の戒名か。没故の月日は源空寺の過去帳には定めし記されているだろう。この長兵衛が何者であるのか、確かな記録は見あたらない。伝えるところによると、長兵衛は浅草花川戸町に住み、白鞘組などのたぐいで、生涯男伊達を好み、土地の若者頭となって意気地をたて五〇余歳で病死したという。一説には下谷幡隨意院の門前町に住み、力持ちで、当初は米搗きを仕事とし、親に孝行したともいう。後に搗屋の親方株を持ち、三、四人の米搗きを抱えて豊かにくらし、弱きを扶け強きをく

源空寺中　幡随院長兵衛が墓

幡随院長兵衛の碑

源空寺の入り口

源空寺

じき、老年に至って病死した。本名、搗屋長兵衛というが、門前町に住居して名だたる男なので、誰いうなく幡随院長兵衛といったという。いずれが正しいのか、よくわからない。

狂言芝居に、白井権八という美少年と兄弟の約束をし、食客として置いていたが、権八は遊女にあげ入れ、酒色におぼれて金が続かず、辻切りをして金を奪い、本庄助市兄弟をだまし討ちにしたので、長兵衛はこれを見限り勘当して追出した。しかしながら、権八がお仕置きされた後は、密かに死骸をもらって弔らったという。

長兵衛の信義はともあれ、権八という者は武士屋敷へ度々行き、徒士として住み込み悪事を働くこと数えられない。御仕置きの書き

源空寺墓地

付けは次の通りである。

延宝七年未年十一月三日御仕置き　平井権八　年二十七

この者義、武州大宮原に於いて小刀売りを斬り殺し、金銀を奪取。あるいは熊谷土手にて絹売りを馬ともども斬り殺して金銀を奪取。その上、常々、追い剝ぎをして本人ならびに宿次の証文を奪い、また、これまで多くの辻斬りをおこなったことによって手錠したところがそのまま逃亡を企てる始末。重々不届き至極につき、品川にて磔を申し付ける。

赤穂義士　間新六郎が墳

築地の本願寺境内に、吉良上野介を討ち、本望を遂げた四七士の内、間新六郎の墓碑がある。

大石良雄をはじめ一〇人あるいは一五人ずつ、それぞれ大名へ預け置いて、後に切腹を命じ、手分けしてそれらの家へ検使を派遣した。義士たちはおのおの切腹したわけだが、縁者に希望があれば死体を勝手に引き取ってよいといわれた。しかし、縁者の者の引き取りは遅く、内匠頭の墳墓があるという因縁で、泉岳寺より死骸を引き取って葬りたいと申し出があったので、残らずそうしたが、一人間新六郎だけ、当山の境内

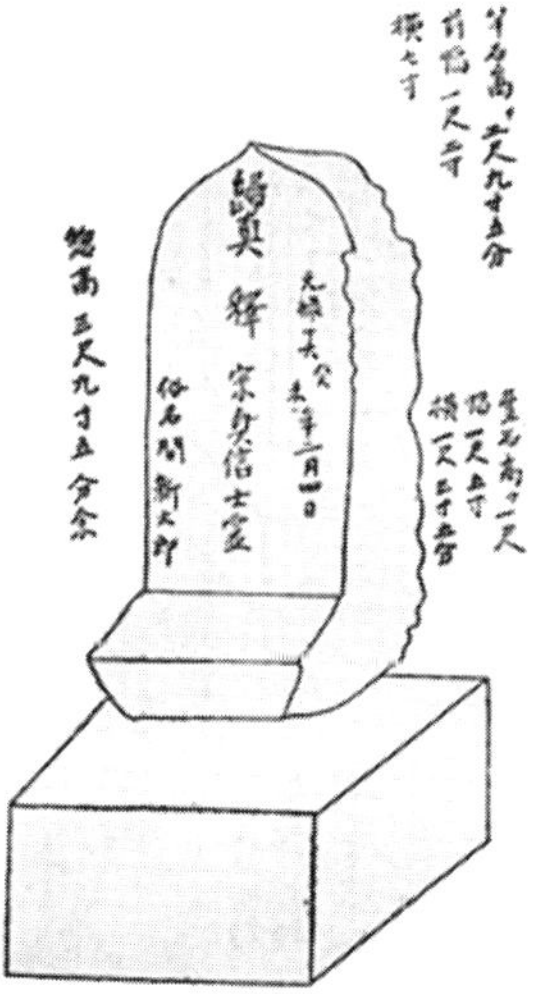

に葬られている。

これは、討ち入り以前にごく内密に住職に頼んで置いたものなのか、檀家なのでお願いし刻限より早く当山内に引き取り葬ったものなのか。ちなみに、小日向立慶橋に中根伝八郎という者がいるが、父親は僧侶で寂水といい、私の茶飲み友だちであった。用人の間彌兵衛はおとなしい男で、幼女が一人あり、私の学堂によく来てはいろいろと話をした。この彌兵衛の倅が新六郎で、兄弟の内には御持与力(注1)がいたり、代官の手付を務める者もいた。みな同じ姓を名乗り、間一字でハザマと読むが、先祖からそうなのだろう。

惜しまれることに彌兵衛は突然、精神を病み、いろいろ服薬したが快気せず、死亡した。亨和から文化へかけてのころだと思う。新六郎の墓碑は次の通りである。

墓は、度々の火災にも無事で、文政八年で一二三年になるが、名声を残しているのは立派なことである。昔、中国晋代の杜豫《どよ》は、生涯の勲功を末世まで伝えようと二つの石碑に彫刻し、一つは南山の頂きに、もう一つは南山の麓に建てた。いわれるように、時が経てば山は砕け、平原が岡になろうとも、どちらかは残って名声を伝えるだろう、ということだ。彼はみずから求めて勲功を残そうとしたが、新六郎は自ら望まずとも石とともに堅い

赤穂義士　間新六郎が墳

築地の本願寺

東京都指定旧跡　間新六供養塔

美談を伝えている。ひとえに、真の忠義を語っているからである。

［注］

1：持組《もちぐみ》は江戸幕府の組織で、将軍直衛の弓・鉄砲隊。それぞれ三組、四組からなり、頭のもとに与力一〇人、同心五〇人で構成された。

義士寺坂吉衛門信行が墳

麻布古川の曹渓寺（禅）は流れのそばにあり、相模殿橋の西北にある。当院の墓のなかに、播州赤穂の城主淺野内匠頭長矩の臣である寺坂吉兵衛内信行の墳墓がある。

元禄一五年一二月、義士の面々が吉良上野介屋敷へ夜討をかけ、少将義央を討ち取った。一同、心静かに泉岳寺に集まり、義央の首を長矩の墓前へ手向けた。一同は、この後、神妙にお上に訴え出て、下知に任せ、速やかに切腹し果てる覚悟であった。

寺坂吉右衛門、このとき三七歳。ともに義士の列に加わり殉死せんと申し出たところ、大石良雄が諫めて言うに、生きることは大事なことで、死ぬのは易しい。そなたの忠義がどれほど強いものかを知っているので、これまで何度も諸国への密使をたのんだ。もし、普通の人にたのんだなら敵方に洩れただろう。我ら一同、本懐を遂げたのも、ひとえにそなたの才覚によるものだ。その役目は低いと言う人もいるが、忠烈は誰にも負けていない。どうしてもあるじへの忠義を選ぶというなら、生きながらえて、我々に成り代わって殿の墓前に香花を供え、吉良氏をはじめ不義な大野らの行く末を見届け、さらに、義士の家族を訪ねて励まし、力づけてくれるなら、これに優ることはない。我らが亡き跡のことをくれぐれも頼みますと述べたので、さすがの吉衛門も良雄の思慮に得心するばかりだった。

　吉右衛門は切腹を思いとどまり、身を慎んで閑居した。ところが、吉右衛門の忠烈、行跡を伝え聞いた山内氏がぜひにと再三、吉右衛門を口説いた。吉右衛門は断りきれず、ついに食客として仕えることにしたが、良雄の遺言を守り、古主長矩の墓前へ諸士に代わって足を運んだ。義士等の切腹からおくれること四五年、延享九年、八三歳で生涯を終えた。

義士四十七図　寺坂吉右衛門信行

義士寺坂吉衛門信行が墳

首洗井戸

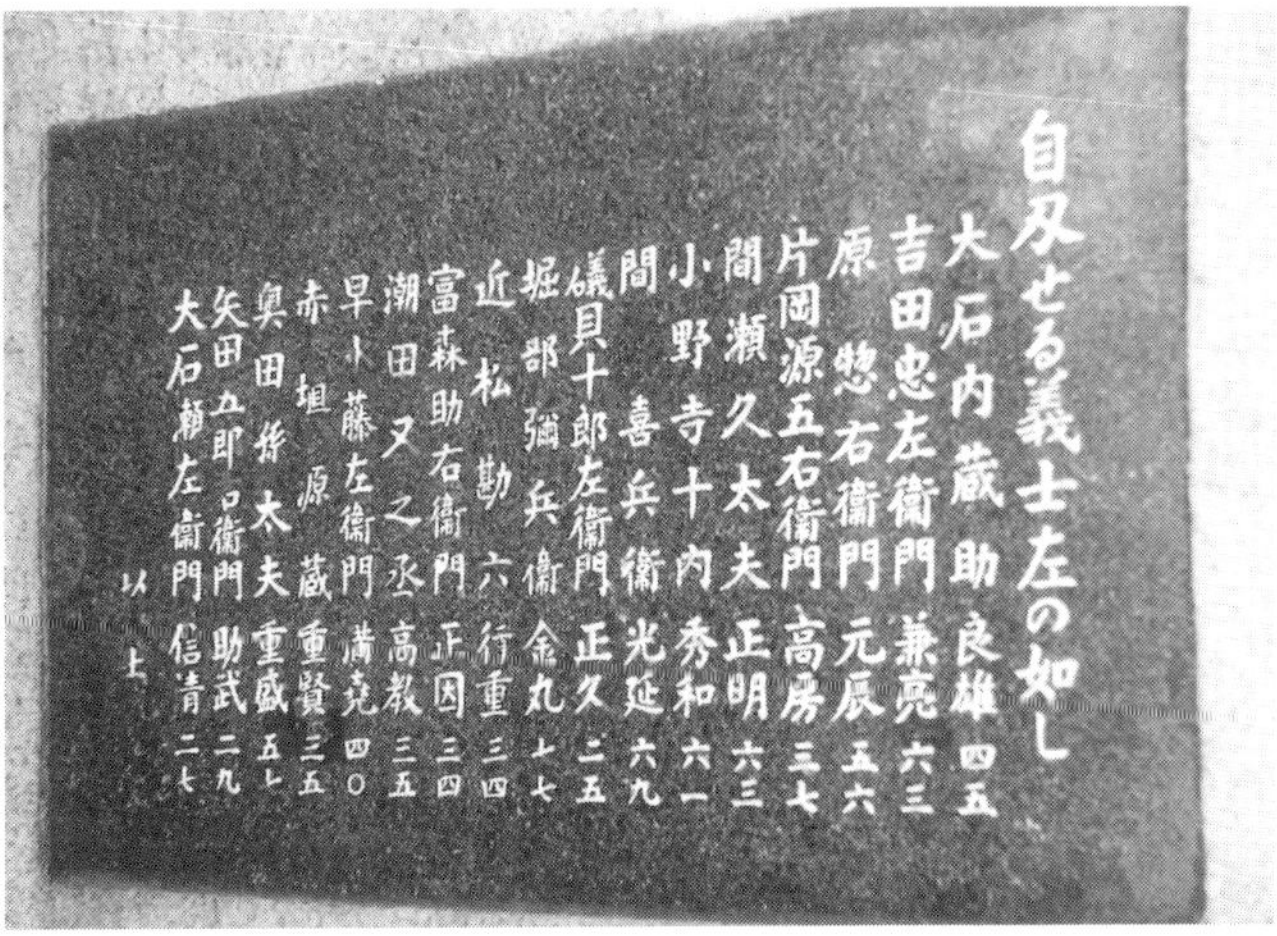

自刃せる義士左の如し

四日市は根津権現の旅行

日本橋四日市という所は青物町の北、塩物店の裏手に隣り合わせ、西の方は狭く、東は広く長さ一町ばかり、衽《おくみ》の形に似た広小路の所である。根津権現の旅所で、宝永三年に権現様の祭礼が江戸町衆一堂に命ぜられた際、ここに神輿を置いて神酒供物などを奉納したことがあった。それ以来、根津神社の旅所として、家をつくる際にも埋柱にして板屋根とし、土台を据えないようにした。根津権現の大祭時には、露天や土物の売店などを取りはらって旅所とするらしい。山車の猿鶏の人形は、南伝馬町、大伝馬の二ヵ所に保管している。山王、神田両社の人形より大きいとの話がある。

この地は以上のような由緒があるので、江戸橋通りの紅葉川(注1)に沿って東側に番所がある。つくりは武家の番所を思わせ、縁側があり、辻行燈や渦状に巻いた縄がある。番所の前には突棒《つく》や指股《さすまた》のようなものを飾り(注2)、中間体の者が張番をしているのは、市中では大変めずらしい。夜になると、番人の者は小刀を差し、巴の紋をつけた箱提灯をもやし、六尺棒を突いて風廻りをしたり、あるいは半時間ごとに拍子木をならして時廻りをするなど、いっそう武家屋敷のようである。
とはいっても、ここは根津神社の管轄するところではなく、本材木町一丁目の持分なので、番所の番人を召しかかえたり入れ替えることや、そのための家作などは、みな町内の者がおこなっている。市中の商家のなかに、昔の姿のままに屋敷通りや辻番所をつくっている様は、まことにめずらしいことであることよ。

［注］
1：紅葉川＝高島屋の南側の道路を東西に流れ楓川に接近していたが、今は首都高速道路
2：突棒、指股（刺股）は袖搦と合わせ江戸時代の捕り物道具。

高島屋あたりの写真

佃島の漁家　一昼夜巡回御取越

上総国佃島は、鉄砲州舟松町の渡口より船で大川一つを隔てただけである、深川と鉄砲州との間にありながら、上総に入るのはどういう訳だろうか。

この島は四角で長さ百間という。四方とも石垣で築き、鉄砲州の土地より高い。東町、上町、下町の三つに分かれ、中央に北から南へ流れる川があり、板橋を架けて栗橋と呼んでいる。この橋の上から西南の方向を眺めると、芝浦より相州の出崎まで一望でき、海浜の風景は素晴らしく、風情がある。

縦横に幾筋となく小路があり、びっしりと家が建ち並び、漁師三〇〇余軒が住んでいる。なかに商人の家もあり、米屋、酒屋の類をはじめ、栗橋の際には銭湯と髪結があり、渡し場の際に碇の鍛冶屋がある。瓦ぶきは少なく、板屋根萱葺きで、家の作りはだいたい似たようなものである。

九月二八日は引きつづき快晴なので、かねてより伝え聞く佃島の御取越（注1）を見たく、また島の風土も知りたいと前から思っていたので、朝食ののち急いで鉄砲州の萬鯉を誘って出かけた。すでに午の中刻（午後一時）で、渡し舟には男女いりまじり七〇～八〇人も乗っただろうか。乗れずに岸で待つ者が幾百人もおり、みな江戸の人で、今日の佃島の法席へ参る人たちである。

島に渡ってそこいらをぶらつき、萬鯉の知り合いである東町の漁師権太郎の家を訪れた。権太郎の妻は何くれと気を遣い、座敷へも案内し、挨拶もていねいでまめやかである。家内の様子では、権太郎夫婦は四〇内外で子どもがあり、嫁もいる。下男と思える漁師二人が庭にいて、蠣や蛤のような貝を大量に剝いている。おおよそ島中の男はみなこのようである。なかに一種の貝があり、バカという。蛤に似て大きく貝の薄いものである。その貝はそれぞれ少し口を開け、閉じているものはない。口を明けて締まりなく、惚けたようにしているのを馬鹿というのは、これにより起ったという。

権太郎が言うには、御取越は初め、下町の道場で勤行して法談をすませたのち、輪番、加番の二人の僧が二手に分かれ、大体八軒ずつ法談を勤めるのが決まりとのことである。ただし、いい家の者でなければ招請するのは難しく、我等のような家が狭い者は招請できない。例年およそ一六～一七軒に限られている。

秋の日は短く、夜になる。道場で勤行が始まるときは太鼓で知らせがあるので、それまでゆっくりと話しでもしていてください、塩剣ぎのさるぼりはどうですか、貝柱を食べませんかとすすめられたが、夕べから大切に思ってきた精霊の日なのでと固辞した。それでは、とお茶をいただき、しばらくの間いろいろな話をして時間を過ごした。

この島の者たちは最初、摂州佃から来たころはわずかに三一人で、魚獲網を使う場所がなかった。町奉行のそばの白洲で網を投じるようになって以来、佃島一円を御用網と称し、白魚を毎朝、将軍家に直接、献上するようになったといわれる。なお三一人の者、三〇一艘の舟をお上に願い出たところ、家康公から、

佃島の一画

お前たちの人数にくらべて願い出ている舟数が多くはないか、どうしてかと聞かれた。漁師たちは、今は三一人だが家康公の好運にあやかり、これからは子孫が増えるだろうし、子々孫々に至るまで魚師として生きていきたいからだと申し上げた。家康公は、もっともなことだと、末代まで三〇一艘の舟を免許し、ただし一艘は鉄砲洲への渡し舟とした。海上は、東は上総の国寒川より西は本牧、南は見わたす沖まで自由に漁獲してよいとの御朱印をもらい、末世の今は三〇〇余軒、男女幾千人が豊かに生業し、妻子も養えるようになっているのは、ひとえに神君家康公の仁政あついおかげである。

この島の者は、筑地西本願寺への直参の門

佃住吉講

徒として、初め摂州より当国へ来たころは、住めるような土地はなく、一面海であった。漁師の願いによってその海を埋め立て百間四方の新地を築いた。本国の旧名をとって佃島と名づけ、永く漁師のすむところとなった。島の埋め立てが終わるとともに土地を均して西本願寺の御堂と境内を建立したのは、佃島の漁者たちのまごころからの気持、志によるものだ。

このようなことから、築地御堂の佃島、あるいは佃島の築地ともいい、親しみ深く法要を継いでいる。今三〇〇余軒すべてが築地御堂の門徒であるので、例年九月二八日に、輪番、加番の両寺は、下町の道場へ入来して御取越の式、勤行をおこない、勤行が終わると両寺はそれぞれ分かれて在家一六軒に法談していく。日が短かい時節なので、毎年夜になってようやく終わることになる。参詣の男女数千人は、ここかしこと、我勝ちに巡々に参詣するものが半分くらいいる。江戸の人が多いようで、亥の刻（午後一〇時）まで渡し舟も一艘増やして渡している。御取越修行をおこなう家では、蒸飯や煮しめをはじめ切餅、切飯餅、菓子、煎餅など、思い思いに参詣の人に振る舞うが、なにやらゆかしげで趣がある。

昔からこの法儀を大切にしてきているので、法度を守り、掟を破らず、古例を忘れず、毎年一一月の七昼夜は、すべて魚獲をやめて築地御堂へ参詣し、男女一同、築地台所の煮焼き、調理の役目を引き受ける。男たちは五昼夜の間、三ヵ所の門を固め、夜まわりをして安全を守り、役所の寝ずの番をするなど、これらみな佃島の役目となっている。このように昔のしきたりを守り、法儀を大切にするので、なおのこと公儀を重んじ、主や親に私心を持つことがない。夫婦、兄弟は仲睦じく、友人にも信頼され、家業もおろそかにしない。身の上は漁師なので無骨で、言葉も立ち居振る舞いも荒々しいけれども、昔から盗賊なく訴えごとがないのは、この島のいいところである。ことに火災の心配もなく、地代や宿料も安いので、俳諧師もどきがここに隠宅を設けたという話もあ

鰹塚

佃島渡舟

るらしい。

　下町の道場というのは、町並みのなかにあり、間口五間奥行六間で欄間があり、内陣は荘厳ではあるがきわめて慎ましく設えてある。築地御堂の所有であるから、道場の近辺の人は、いつも代わる代わるに掃除をしたり、給仕をするという。名主の専右衛門の居宅のうしろ隣なので、道場の勤行や法談が終わると輪番は筋向いの東屋へ、加番は名主専右衛門方へと分かれる。参詣の人々もそれぞれ後について参詣する。

　私は、この島の風土や景望を楽しもうと、道場の法談が終わるとすぐに萬鯉とともに島中をあちこち歩き、渚に出たり小路を縦横に歩いた。まことに風情ある心ゆたかにさせてくれるものであった。

［注］
1：浄土真宗の末寺や信徒が、親鸞《しんらん》の命日（陰暦一一月二八日）に本山でおこなわれる報恩講と重ならないように、一月繰り上げて陰暦一〇月におこなう報恩講。報恩講引上会《いんじょうえ》。

住吉明神の社内　秀鷹が碑

佃島上町の住吉明神の社は、川一つ隔てて無宿島の南隣りの川端にある。宮居は西向きで、門より社まで数十間、左右の松の数十株はいつも緑を保っていておもむきがあるが、この島に樹木が少ないこともあるのだろう。

神職は伴森日向守といって、社の左側に住んでいる。拝殿の間口は三間、奥行二間で、本社は奥にはなれて小高く、わずかに一間四方に玉垣があり、いかにも神さびていて、すべて白木づくりである。前に神楽殿があり、正月、五月、九月は神事があるらしい。泉州堺より鎮座し、毎年、六月二九日に大祭がある。江戸の人たちも集い来たり、ことのほかにぎやかに群集するのは、この島の一風である。

社殿の右側に藤棚がある。幅はわずか九尺ばかりで、長さは四間程ある。棚の高さは一丈もあろうか。佃島の藤と評判になっているのはこれである。昔は花の垂も長く、色も格別であったようだ。今は人づてに伝えられるものとは違って、わずかばかりの藤棚を賞するのはいぶかしく、おかしくて笑いくずれるのをこらえるばかりである。

江戸にはこの四、五倍の藤棚はいくらもあり、遠方から杖を突き、海を渡って見に来るほどのことはない。ある者がうそを伝えれば、万人が真実であると思うのは、こういうことを言うのだろう。また、社前の右に寛政年間に加茂季鷹が建立した碑がある。住吉明神の由来、霊験を記しているが、長く、くだくだしいので略す。碑は伊豆産の石と思える、高さ二丈、幅四尺余り、厚さ二尺余で、めずらしい石のつくりである。

社の南に裏門があり、栗橋の川筋の往来になっている。今日は快晴で風もおだやかで暖いので、お宮のそばの出店の床几に憩い、煎

住吉神社

住吉明神の社内　秀鷹が碑

茶をいただきながら烟草を吸い、遠近の海を眺望する景色は一興で、まるで浮世絵を見るようだ。

こういう景色、風情は、私がいつも随筆などをまとめる際にもっとも大事にしている、根源のようなものなので、右を見、左を眺めてたのしんだ。

そのうち、参詣に来た人たちが五人とか三人とか連れだって、思い思いに小路〳〵の漁家の作業を見物し、日の当る茶屋の床几に腰かけて休んでいるのは、だいたいここを知っている人ばかりであることに気づく。多分、聞き伝えて江戸より幾百人の男女が来るのだろう。集ってくる人の多くが漁家をのぞきながら散歩するのも、この島の不思議な光景である。

（以下略）

根津の大祭　猿鶏の鉾臺

以前、根津権現のことについて書いたが、近ごろ、同所善光寺坂の服部銀蔵方にあった、寛永三年に出版した祭礼の鉾山車や行列の練り歩く数々を見た。同じものは巣鴨御籠町の新井辰八郎のところでも持っていて、半紙五枚に摺り、継ぎ合わせたものである。山王、神田などの祭礼行列に似て、絵図は古風で雅趣に富んでいるが、似たりよったりである。このあたり一円で売り歩いた物であろう。

鉾山車の番数、都合、一七五番とかで、江戸八百八町の商人に命じて根津の神社の御造営を成し遂げた最初の大祭なので、山車の他に思い〳〵の練り物も工夫し、定めし華やかだったろう。今よりも一二〇余年前のことで、世は豊かであったろうから、我劣らずと華美をつくし、場末の町では五町、八町と組み合わせて一番とするものもあったようだ。三日三夜江戸の町々を引き回したと話に残っているのも、その通りだろう

その後、大祭はなく、その時の山車の上の猿鶏二つの人形は、大伝馬町と南伝馬町の名

主の家で預り、家の由緒としていた。伝馬町というのは江戸に五ヵ所ある。赤坂伝馬町、四ッ谷伝馬町、中橋南伝馬町、大伝馬町、小伝馬町で、これらは公の御伝馬を勤めている。特に大伝馬町は、諸大名の文書や金品などを納めた御用箱が出入りしたので、諸々の名主の上席となっている。代々そうなっており、大祭のはじめに引き渡す猿鶏の山車二つをはじめとして、番の人数をそろえてこれに付き添わせ、そのあとに練り物がつづく。そのうちに、猿の山車の人形は烏帽子をかぶり、直垂（注1）、指貫（注2）の装束で御幣を肩にかつぎだす。日吉山王権現の使いはじめということで、山王の大祭にはまず最初に引き渡すとのことである。この猿の面は南伝馬町の名主

根津神社

又右ェ門方に恭しく預け置き、主計の猿といって世上に名高い。

この猿の面は古い作品で、神酒を奉納すると猿の顔色一層赤くなると世間では言っている。昔、秀忠公の御代に猿の山車を朝鮮馬場（注3）より引き出してきたが、どうしたことか、猿の持つ御幣が折れてしまった。秀忠公の上覧の時が迫っており、修繕するには手間取るおそれがあり、後にひかえた諫鼓の山車（注4）を先に進めて一番に引き渡した。これより諫鼓の山車を第一番と定め、以後ずっと第一番に引き渡すこととなった。これはいよいよ国を治めること平和の吉祥である。世の中がおだやかで平和に過ぎる、名君の治める時代のしるしで、ありがたいことである。昔、舜帝

山車

の聖代を誉めて、諌鼓苔深くして鳥驚ずといったという。天下泰平を祝う山車である、大祭の第一番に引渡されるのは、理にかなったことである。

［注］
1：武家社会で用いられた代表的な男性用衣服。
2：袴の略語
3：馬場先門のなかにあった馬場で朝鮮使節の曲馬を上覧したことから朝鮮馬場の名がある。
4：太古の中国に三人の聖王がおり、善政をおこなったので国は豊かで国民も幸せに暮らしていた。それでも、この王たちは、自分たちに過ちがあれば、「いつでも諌《いさ》めてほしい、と城の前に太鼓を置いたという。その由来の山車。

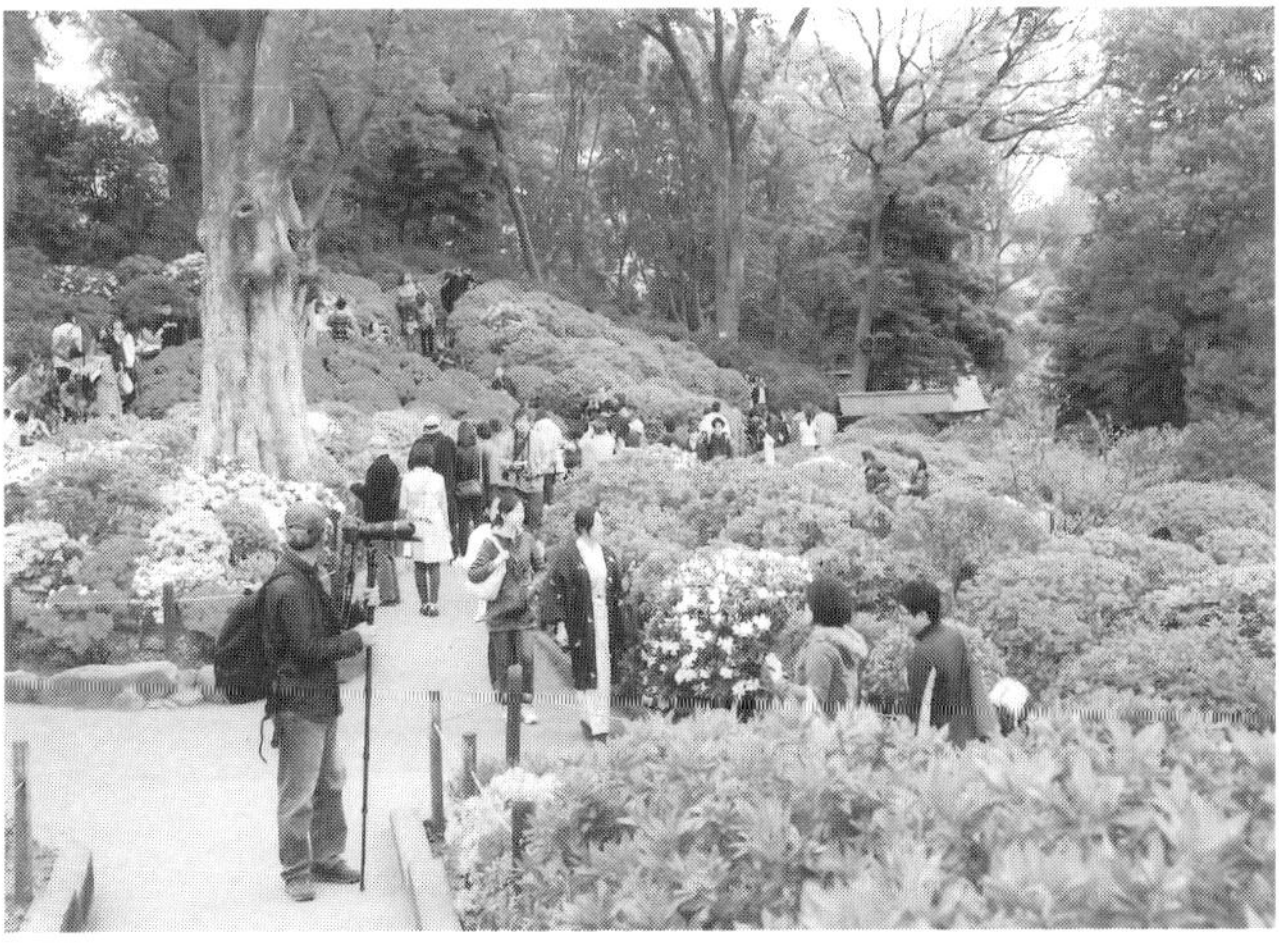

根津神社の中の「つつじ苑」

東叡山内　清水舞臺の花見

上野の花見は知っての通りだが、今年弥生四日、気の合わない者と連れ立つよりも一人の方が楽しいだろうと、花見にきた。一重のさくらは今が真っ盛りである。右に左に見渡す所、広い山中に爛漫なのは、実に江戸の壮観というべし。もし八重も一同に咲きそろうならばひとしおであろうと、立ち止まり、またそちこちをそぞろ歩くほかない。

ここを東叡山と呼ぶのは、皇都の比叡山に対する名であるからだ。比叡山は昔、第五〇代桓武天皇の時代、延暦年間の草創で、伝教大師の開闢である。年号を以って寺号としている。一方この東叡山は、第一〇九代後永尾帝の時代、寛永年間の草創で、慈眼大師の開基である。同じように年号を以て寺号とした。かの山は桓武帝の勅により延暦寺と号し、こちらは神祖の御起立により寛永寺という。どちらが古い新しいなどのことは何でもないことで、東叡山は特別に一品法親王（注1）が代々住職をつとめ、寺領一万余石を与えられている。

花見

比叡山と同じく、東叡山の礎も堅固で、遙に梅多梨耶《バンタリヤ》（注2）の暁まで寺は続くことだろう。関東の内裏（御殿）であり、人々が江戸を貴んで東都とほめたたえるのもうなづける。花城花洛と呼ぶのに対して、花の江戸というのもそのあらわれである。

山中を隈なく見物しながら清水の観音堂に憩う。これは京都東山の清水寺を模している。ただし、堂中の本尊は主馬判官盛久の安置した念持佛だという。観音堂前の舞台も東山清水寺を模して、長さ八間、幅三間で、遠く洛陽にあそぶ気分である。舞台正面の木の間より池中の天女宮の霊島としのぶが岡の池畔を人が往来する様が見え、また、はるかに加賀榊原家の屋形まで、霞の向こうに眺望する風色はおもしろく、言葉に尽くせない。とくに、舞台右の一樹の桜はひときわ大きく、今を盛りと咲き乱れる風情は言葉をなくすほどである。

山王の見晴らしから少し急ぎ足で歩き、凌雲院の建物にそって四軒寺町へ下る。路傍の桜も今を盛りなのはひとしおで、ここかしこにたたずんでは右左をながめ、ほんとに飽きることがない。かの安原貞室が、「是は〳〵とばかり花の吉野山」と詠んだのは、もっともなことであると昔を思い、振り返り見返りつつ、興に乗じて私も悪発句をひとつ。

うれしくて只おもしろし春の山　　鮮僧以風

［注］

1：一品法親王とは、男子皇族が出家して僧籍に入った後に親王宣下を受け、かつ、皇親に対して与えられた最も高い品位である一品を与えられた親王のこと。

2：梅多梨耶は梵・マイトレーヤ。弥勒菩薩。釈尊入滅後五六億七〇〇〇万年たてば釈尊の代りに衆生済度すると予言された補処（次の生涯には仏と成ることができる位）の菩薩。

東叡山内　清水舞臺の花見

歌川広重名所江戸百景　月の松

清水観音堂

葛飾郡渋江村西光寺

武州葛飾郡西葛領渋江村の超越山西光寺（天台）は、四つ木村の追分、小川を隔てた四つ木村の南どなりにある。本所小梅より土手通りを二八町、隅田村の木母寺の土手下より一四町である。草の路の春の景色は、最もよいものだ。この寺はいまは天台宗で、浅草伝法院の末寺であるが、開基の西光御坊は親鸞聖人の直弟子である。

その後時代が下って無住の時期があり、天台宗の旅僧が流れてきて、当寺に住みはじめ、自然と今の宗旨となった。昔からの由緒ある伝来の宝物などがあり、村には昔からの檀家が二、三軒あり、西光寺門前の大紺屋がその長である。

こういう因縁があるので、毎年三月八日より一〇日までの三日間、御取越の法会をおこなう。近辺の村は天台、真言、禅、浄土宗だけであるが、三日間は申し合わせによって仲良く取り持っているのは奇特なことである。また、伝法院もその話を聞いて法会を許しているのも不思議なことである。

葛飾郡渋江村西光寺

三月一〇日ごろより天気が良く、春の暖風もないので、かねがね思っていたところだったが、隅田堤の桜をみながら参詣しようと、なかば野がけのようなつもりで、春の快さに惹かれて朝早くから浮かれ出てきた。往き帰りの道を変えてそぞろ歩こうと、浅草新大橋をわたり、川に沿って堤の上を歩いた。左右の眺望は價千金で、興趣に富んでいると言うばかりである。

右手には田園風景が果てしなくひろがっている。三囲《みめぐり》の稲荷の溝の右の玉垣は、一年ではできないだろう。草深い田畑のなかに目立ってみえるのも風情がある。左には隅田川の流れを越えて両国橋があり、その向こうに石浜の神明の花表まえ、洲崎まで遙かに見渡

隅田堤の桜をみながら参詣

せる風景は、いかんとも論じがたい。

白鬚を過ぎ、隅田村の堤にさしかかると、花はいまだ開ききらず、出茶屋は五、七軒に過ぎない。人が多いのは好きではないので、まだ咲いていない花が多く人の群れていないのは幸いと、ゆっくりと歩を進め、木母寺の茶店でしばし休息した。

ここから堤を東へ下り、四つ木村の土橋を超えると右側の角が渋江村の西向寺である。小日向よりおよそ二里半までは遠くないだろう。西光寺の通りにはどこから集まって来たのか、多くの道心(注1)や物もらいの類いの人がいる。鉦を打ちならし、念沸をする人、声を張り上げ板東のご詠歌をうたう者がいる。お詣り帰りの人に金を無心する者がいるので、賽銭として一銭ずつ報謝すると言ってみると、六一人が並んだのだから、参詣者の多さが分かろうというものである。

西光寺の本堂におまいりするのに、男女老少が押し合うほど集まり、勤行を待つ有様である。本堂は東向きで六間、左の方は客殿をお堂形の佛間にしつらえ、正面に、五百代の尊像を掛けている。これは親鸞聖人の真筆である。三ヶ日の御取越法会は、この尊像よりはじまる。天台宗でありながら浄土真宗の祖師の祭りをするのは、不思議なことである。

本堂の中央には、舟後光（舟形光背、舟形をした光背）の立像の彌陀を安置し、下陣の正面には、開基した西光坊が武士であったときに所持していた長刀一振りを飾っている。右の方には、聖徳太子の立像がある。およそ二尺ほどで、西光坊の作という。

西光坊の俗性は、五〇代桓武天皇の皇子葛原親王の御子高望皇《たかもちのおおぎみ》の四男、左衛門尉致経より六代、葛西三郎清光の長男で三郎清重という。この清光より苗字を葛西といい、致経より代々葛西千町の地を領している。清重は治承四年八月、頼朝公が挙兵したとき、招きに従って千葉畠山とともに五〇〇人を連れ隅田川の陣に入った。これより武功を度々あげ、諸士よりすぐれ、寿永元年八月には、武州府中の六所の宮へ代参を勤めた褒美として加増された。後、頼朝公と木曾義仲との合戦のときは、代官の九郎判官義経に従い、先陣をつとめた。清重の軍配はみごとで、義経の賞賛はひととおりではなかった。頼朝公の天下統一後、また加増があり、合計三五〇〇町を領有するようになった。建久元年霜月、頼朝公が上洛の折は、陸兵七騎の一人であった。このときは右衛門尉に任ぜられ、後に壱岐守を名乗るようになった。

元久元年四月、畠山次郎重忠と北條義時との合戦の時は、北條に随ってよく戦功をあげたが、実朝公の治世の節、本領をさし出し、隠遁を願いでた。願いが叶い、葛西領渋江村に閑居した。そのころ、親鸞聖人が相州国府津へ行く折、当庵に杖を止めた。折からの長雨は降りやまず、五三日にもなった。清重は親鸞の弟子になり、西光坊と法号を賜わった。親鸞はまた、西光坊の願いに応じ阿弥陀如来の尊形を書いて与えたが、これが御取越の始まりであり、五百代の真正面を向いた尊形である。

清重の悦びは限りなく、佛道に入った最初に、他力本願の仏法をひろめる初めであるとして、皇太子の真影を彫刻した。今の聖徳太子の木像がこれである。以来三〇〇年、その教えはもとより、血脈としても受けついで浄土真宗の末寺として存立してきたが、永禄のはじめより国中が戦国の様相となり、東国は悪い賊が蜂起し、狼藉、放火は度々のことになった。人民は離散し、住職は忍びがたく時を待つうちに無住となり、浄土真宗であったのが旅僧の縁によっていつしか天台宗となり、浅草寺の末寺に列するようになった。

しかし、古来から言い伝えられていることや家宝のものもあり、本寺も三日間の御取越を許され、導師の法談も、今土の善立寺や蓮窓寺などの住職が来て法要する。浅草田原町、東仲町、並木町、黒舟町、御蔵寺の町家の者が一同に逗留し、仲良く交歓する。参詣する人々にも麁菜《そな》の齋非時《ときひじ》（注2）を振る舞う。

多くの参詣人は江戸の人たちで、隅田堤の花を見ながら行く者もある。嫁菜《よめな》や野惣《のびる》、葫《ニンニク》の類を摘みとろうと散歩がてらに来る者もある。子どもたちを連れて庭前の芝原に弁当を開く者たちもいる。四ツ木の立場茶屋に吸筒《すいづつ》を開くもの、支度をする人、それぞれに気を休めるのも実に「春の心は長閑からまし」と詠んだのはもっともなことで、うららかであるからこそである。

［注］

1：①仏を信じて悟りを求めようとする心。仏道を修めようとする心。菩提心《ぼだいしん》。②一三歳あるいは一五歳以上で仏門に入った者。ここでは後者。

2：麁菜は粗砕のことで、齋非時は僧侶の食事のこと、また、法事などで僧に供する食事をいう。

葛飾郡渋江村西光寺

上北澤村庄屋鈴木左門が牡丹

江戸荏原郡世田谷領、上北澤村の名主、鈴木左内は、近年、牡丹数株を作り、『江戸四季巡覧』を出版した。市中郊外、また貴賤をとわず、多くの人が道の遠さも気に掛けずに訪れ、世間のうわさも良いので、今年こそ私も出かけて見物しようと四月一五日、朝食を終えるとすぐに腰提げや煎茶の具などを取りそろえ、趣味のちがう者を同伴するのは面倒なので、ただ一人、杖をたよりに昼過ぎに到着した。

その道筋は、四谷信濃の辻番所より右へ入り、御焔硝蔵、御用屋敷を過ぎ、千駄ヶ谷の仙寿院門前より左へ、青山恩田の耕地を通り三熊野権現までおよそ二〇余町を経て、白金の大通り、道源寺坂の通りに出た。小日向からここまで二里はあろう。道すがら、田を耕す農夫、餅草を摘む娘の姿を見、青々とした麦の穂が出揃い、卯の花、木蓮、山吹、蘇枋《スオウ》の花などが咲き競っているのもすばらしかった。右に左に、風景を見漏らさぬよう顔をめぐらせ、ときに耕地の畔に杖を置き、きせるにたばこを吸いながらの一人気ままな道行き

道源寺坂の通り

は、ようやく道源坂にさしかかった。これよりまだ二里はあると聞く。そうすると四里余りになり、往き返り八里で遠いが、ひなびた同じような道であれば、かえって雅の趣きがあって自分にとっては趣がある。

　道源寺坂を上りきって右へ行く。駒場村御用屋敷前を過ぎ二〇余町で北沢の淡島明神の町に至る。ここに食店や酒楼が二、三軒あり、腹を満たすにはちょうどよい。ここから左の道を数十町行くと赤月村があり、名主の小左衛門の屋敷は、外構えが長く六〇〜七〇間あり、垣根は黄楊《つげ》の木を刈り込んで美しく、片田舎の一品といえる。

　これより数十町で上北澤村のまちに入る。右は四ッ谷通りの大通りで、左へ行くと益田の池弁財天といわれているものがある。一株の景松は弁天島にあり、枝先は往来の道にかかり、老松と見える。島には白い琉球つつじが繁茂し、由縁ある古祠と見られる。

牡丹は通りを隔てて左にある。上に雨障子をかけ、四方は葦簀《よしず》でかこい、東西一三間、南北六間、そのなかに一から第七までの七つの花壇に約三八五種の牡丹は、花は別々で一種も尋常ではない。奇々妙々、観賞するにあまりある。私も、これほどのものとは思わなかったので、実に目をなぐさめ、心を悦ばせ、吾妻屋の濃艶亭で憩い、時間を過ごした。

接木し、咲き分けの牡丹が五本あり、それぞれの木の太さは根本で七、八寸はあろうと思われ、尾久村の玄琳のぼたんは物の数ではない。その費用、また丹精のほどはなかなか大変であろうし、できるものではない。特に第一花壇の尾山という花は、聞いたこともないめずらしい名花である。そのほか、記憶にはあるが表現するのはむつかしい。

花壇七つ、それぞれ長さ一〇間、幅一間ずつあり、土留の枠から花の名札、葦簀、手摺に至るまで、綺麗であることは言うまでもない。見る者は誰でも感心するであろう。

牡丹畑の前の大通りを西へ行くと四ッ谷筋に出るという。この往来の路傍に葭箕囲いの茶屋があり、そば、切栗餅、七色茶漬、団子、菜飯、田楽屋などがびっしりと立ち並んでいる。南の方の高みには、派手な食店を造り、大名や芸能者のお歴々が憩うている。途中は見物人が稀であったが、ここは男女の見物者があまり、開帳場の如く隅々の茶屋や酒楼は人でいっぱいである。私も傍の茶店に憩い、渋茶でのどをうるおし、往来の人々の様子をながめ、あたりの景望を楽しんだ。

にもかかわらず、この茶店の若い女は、二〇歳近くにみえるが歯も染めず島田髷でえごえごと肥満している様子は、ちょっと意地悪にいつもの悪発句を吐くのもまた一興と思ってしまう。「獅子に牡丹《ぼたん》」と言うことが分かるかどうか。どうぞお笑い捨てを。

ぼたん見や鄙のむすめのふとり肉《じし》

越ヶ谷塩吉のもてなしと再度の逍遥

武州埼玉郡越ヶ谷宿は、日光街道で江戸から六里である。案外な都会で、呉服屋をはじめいろいろな商人が集まり、住むにも便利で十分足りているようだ。街の長さは二二町あり、壮観の宿場と言える。

宿場の右側にあぶらや吉兵衛がある。聞こえた豪家で、千住より先々の馬方や駕籠かきたちは、その名を呼ばずに「越ヶ谷の天下様」と崇めて呼ぶ。裕福、比類無いことからそう呼ばれるのだろう。常に多くの菜種油を絞り、また塩問屋として諸国の塩を引き受けて貯蔵するので塩屋吉兵衛とも言った。

住まいは広く、二〜三〇〇〇石以上の邸宅で、とりわけ屋敷の奥行きは広くて三町にも及び、見渡せば三間と五間の土蔵一八棟が両側に、合わせて三六びっしりと棟を同じくして建ち並んでいるが、塩、油を積み込んでいる倉庫であろう。小僧がたばこ盆をさげ、広い庭を隅々まで花圃なども案内してくれ、あちこちと見廻ると、住居の北後ろにも一五棟の土蔵が建ち並び、その他にも物置蔵と思われる七棟があり、米、塩、味噌、醤油、薪、雑具類を置く所と思われる。上下働きの男女が七〇余人というが、なるほど旧家で、聞こえた財産家であれば、馬方や駕籠かきたちが「越ヶ谷の天下様」と言うのもうなずける。

去る文化一四年（一八〇四）、池田山鼎は故郷でもあることから、前年の冬より吉兵衛方に逗留した。彼の画の趣や山水の描き方が評判を呼び、宿の人たちはもとより近隣の人たちも倣って、屏風、襖、杉戸袋、棚、羽織の裏地、ふくさなどをはじめ、扇は幾百本も毎日のように持参してくるようになった。頼まれるに任せて描き、その面白さに越年していたが、二月も過ぎ三月になっても、頼まれ

花田苑

れば描かないわけにはいかず、近辺の見物もできず飽きてきたので江戸へ帰りたいと思うが、独身だから暇なのだと思われ引き留められる。帰るきっかけがつかめないので、私に手紙を寄こし、友人を連れて見物かたがた用件を作って迎えに来てくれ、それに縋って帰ることにする、と言ってきた。

三月一六日、遠山瀾閣、青山一夢、館萬鯉の三人を連れて、千住掃部宿の徳島屋子譲翁の家にゆっくり憩い、もとより急がぬ旅路ゆえ、花を愛で、鳥に心をなごませ、歩きながら歌を詠み、立ち止っては書き留めながら未の下刻（午後三時ごろ）、塩屋吉兵衛宅へ到着した。江戸からの客人が来ると言うことで、山鼎とともに家族もそれぞれ打ち解けた様子で出迎えてくれた。いくつかの部屋と廊下を通り、書斎と思われる広い座敷へと案内された、先に道中の空腹を補ってと食事をとりつつ閑談し、それから席を変え、奥座敷へ案内された。

戌の初刻（午後七時ごろ）と思われるころから酒宴が始まった。主は元々酒が強いうえ、同伴の萬鯉、一夢も酒呑みなので、医者のような者を交えた五人が座敷を取り持ち、酒をすすめた。この五人は、三味線、長唄、鼓、笛、太鼓を合奏し興を添えた。どういう素性の者か、働いている者か居候かは分からないが、街道の宿場とはいえ見下してはいけない。

もてなしは山海の珍味をつくし、並大抵ではなかった。だが、瀾閣と私の両人は下戸なので、子の刻（零時ごろ）と思われるころに、二人だけに飯の膳を出してもらった。出てきたのは二汁一二菜で、品々の取り合わせといい、その案配といい、昔から今に至るまで、馳走といろいろ言われているけれどもこれほどに丁寧なものは無いと思い、吉兵衛の心配りのほどを思うほかないことであった。山鼎に尋ねると、我等四人が訪ねるとすぐに気のきいた者二人を、早馬を仕立てて一人は日本橋、一人は神田多町へ走らせ、鮮魚と青物を買わせたと言う。これには二つの意味があろう。一つは、初めて来た訪問客なので、心をこめたもてなしをしようということであり、二つは、越ヶ谷は田舎だが、どうして江戸の者には負けまいと種々のもてなしをしたのであろう。

食べ終わると、順々に膳をひきさげ、給仕の女二人が一緒に風呂にお入りくださいい、案内しましょうと言う。連れだって幾部屋を通り過ぎ、勝手へ出て彼方を見ると、三人の料理人が大きな俎の前に座り、酒樽も一五、一六積み重ねてあり、豊かな身上がうかがえた。

風呂場に案内されると、石榴口（注1）があり、銭湯を小さくしたほどの大きさである。手で計ると、湯舟の長さ一間、幅三尺八寸ある。この家には上下働きの大勢の人がいるから、さもあろうと思う。三人の年若い女が裾をからげ、襷《たすき》をして現れ、背中を洗いましょう、垢をすりましょう、と声をかけてくるのも奥ゆかしい。新調と思える対の浴衣を持って来て私たちに着せた。小座敷に案内され、煎茶、干菓子などが出てしばらくすずんでいる内に、「春の夜の夢ばかりなる手枕」と詠んだ歌などものともしない、荒々しい声で騒いでいた酒宴もようやく納まり、萬鯉、一夢の二人も風呂に入ったようだ。少し話している内に目はしきりに閉じてくる。草加宿の北のはずれ、市野屋という酒楼から四人一緒に駕籠にゆられて乗り込んで来たものだから疲れも出たのだろう。野宿というわけではないが、うつらうつらしていると、短夜のこと、たびたび鶏の鳴き声が聞こえてきた。家族の心遣いや、仕事にたずさわる人々も寝たであろうと察した。寅の中刻（午前四時ごろ）、案内され寝床に入った。夜具は鬱金縮緬の五布《いつぬの》蒲団（注2）を二つに折り、夜着は花色（淡藍色）の緞子（注3）一対であった。後で山鼎にたずねると、縮緬の夜着一〇〇人分、蒲団二〇〇人分、緞子の夜着一〇〇人分、地厚の絹の夜具一〇〇人分、所持しているという。

以前、太田原山城守が江戸に出府する際、本・脇の両本陣に支障があったらしく、急に吉右衛門の屋敷に依頼が来た。吉右衛門は心良く承知し、足軽以下の者や請負人、宰領（監督）たちは下宿させ、残りの数百人は皆この家に泊まった。大勢のもてなしであるが、席々に掛け物、花入れ、置物を飾りつけ、部屋ごとの屛風や燭台に至るまで、万端行き届き、本陣もとても及ばないほどであった。山城守は在所から側用人を使者に、大弓が好きと聞いているので「鉄拐《てっかい》が峯」の銘がある代々伝わる名弓一挺、伊達政宗が好んだ残月と名づけられた石燈籠一基の両方を謝礼として、三六、三七里の道中を大勢の者を使って恵贈された。今の奥庭に置いてある燈籠がそれであると話した。

吉兵衛はまた角力を好み、鎮守の祭礼には江戸で有名な力士たちが大勢来て、塩屋の邸に逗留させた。その為に多くの膳、椀、酒器、夜具などを揃えているが、吉兵衛の道楽と言っていいだろう。今般の馳走も過分であるが、四人とも珍客ともてなしてくれる。我々は昨年の冬より書画に精を出してきたが、今度江戸へ帰ると二、三年は訪ねて来ないだろうと思い、また吉兵衛の妻にとっては正真の従弟にもなるので、送別の心持ちも含んで派手なもてなしをしたのだろう。いつもと違う特別のことだったようだ。

そうではあるが、平生は質素を第一とし、家内四人みな綿服を着て、女房、嫁とも縫い物の合間には糸車を廻し、綿糸を取っては奉公の女たちの手助けをしている。亭主、息子は若い者たちの相手になって、一日中働いて家業に精を出している。時どき、番頭や重役たちを休ませ、親子で帳場を勤めている。身を詰めて人につくし、奉公人に慈愛を以て接している。地頭、領主をおろそかにせず、土地の主だった人や年老いた人をなおざりにしない。人様に対して失礼なところがないのでますます繁昌し、当主の吉右衛門に至って一三代、血脈が続いている。栗橋宿から千住までに一一軒、江戸にも四軒の出店がある。田畑の持高二八〇余石である。一昨年、先祖の三百回忌の法事をし、私たちも招かれたと池田山鼎が言っていた。これぞ旧家と言えよう。御府内（江戸）には、四〇〇年来血脈の続いた家はない。田舎は穏やかに続くものであることを知るべきだろう。

四人とも寝床に入り、一つ二つ話をする内、互いに熟睡したのであろう。辰の半刻（午前九時ごろ）と思われるころにそれぞれ目ざめて起きだし、座をとりもちながら、朝食に麦飯をいただいた。

大橋とさくら

我々はそろそろと身ごしらえをして、約束通り山鼎を同伴しようとしたら、吉兵衛が出て来て、山鼎が江戸に帰るなら、二、三年は帰って来ないだろう。なおのことみなさん方ももう来てくださらないでしょう。何としてもなごり惜しい。さいわい、野島の地蔵が開帳する。陸路を行くと一里はあるので舟で案内しようと準備しておいた。それ迄ゆっくり、話でもしていてくれ、と言うので、主の重ねがさねの芳情を断るわけにもいかないので、舟の碇をおろして話し込んだ。

　昼食をすませ、午の半刻（午後一時ごろ）と思うころ、吉兵衛の中庭より西の堤に行ってみると、舟が二艘つないである。この地には屋根舟というのは無いらしく、似たよう

野島地蔵尊入口

元荒川の桜並木

元荒川のこいのぼり

な大きな舟で、左右に三本ずつ柱を立て、丹後の大湯単を天幕とし、毛氈六枚を敷き詰め、たばこ盆二つを中央に据えている。供船も同じく大島木綿の大湯単を天幕とし、もろもろの家具、鮮魚、青物、酒、酢、醤油を始め、料理人二人と若い者、丁稚を含め四人が乗り、大きな七輪を二つ並べている。

こうして青木、遠山、萬鯉、山鼎、吉兵衛、愚老と、夕べの医者風の者、合わせて七人、その舟に乗り移ると、二人の船頭はともづなを解いて漕ぎ出した。上は岩槻の方から流れ来て、下は本所の運河へと流れる川は、幅約一〇余間、水の流れはそんなに早くない。この日は天候も良く風もおだやかで、川からの眺めは鄙びて面白く、舟路は短いので舟も静かに急がず、ようやく一町ほど走ったと思うころより酒宴が始まった。取っ替え引っ替え、いろいろ珍しい食べ物や肴、たいそうな御馳走も作法にかなって出てくる。二尺余りの鯛の焼き肴なども出て、舟のなかは食器の置く所も無い程だ。

知らぬ内に酔いに乗じ、手を打って謡い、豊後節などそれぞれ楽しんでいたが、川端に立留る人は無い。元より悪口ひとつ言う者もいないので、十分に酒食し、未の刻（午後二時）を過ぎるころ、野島村の土橋へ漕ぎ寄せた。ここから浄山寺へは二町と言う。舟を上がった一杯機嫌の者のこと、気分に任せて境内に入っていった。片田舎とは言え、人の参

浄山寺

浄山寺　野嶋山

集するのは江戸と変わらないが、九割は近郷の男女で、一割ほどは江戸風に見える。境内は狭くなく、小間物、人形見世、飴屋、菓子屋、そば屋、団子屋、燗酒の類から曲搗の栗餅、独楽まわし、居合抜きの歯みがき売、覗きからくり、ねずみに木札をくわえさせてのくじ取り、さては書画の早書き、義太夫の奉納、手妻、笑い話の足蔵まで、似かよった者たちが自然に集まってきて、寺の内に人のいない所はない。村々からのお金、米、醤油、炭など寄進されたものをはじめ、内陣の仏具類、水引がかけられた打ち敷、銅の燈籠まで、それぞれに奉納された物はおびただしいほどだ。江戸からきた信仰の面々、あるいは地蔵尊の奉公人として期間限定の年少の男女の奉納物は若干で、数えられない。

玄関へ案内され、住職が出迎えてくれて座敷へ通された。取り持ちの一行もともにして、ご馳走の席も設けてくれているけれど、舟中の飲食でそれぞれ満腹なので再三にわたって辞退した。そして、開帳された本尊を近くに礼拝、宝物の什物はもちろん、境内を隅々まで見学した。門外の池の魚は少ないが、生れながらに片目だけで生きる魚がいるとか。

こうしてまた舟に乗り、酒宴をひらきながら、ゆっくり進むと両岸の景色はいかにも穏やかで、黄昏前に吉兵衛宅へ帰った。それぞれ風呂に入ってから座敷を変え、手打ちそばを馳走になり、亥の半刻（午後一一時ごろ）に寝床へ入って寝んだ。

翌三月一八日、五人一同いとまごいをして出発した。瀾閣と私は、岩槻あたりをぶらつきたいと思ったので、青木、萬鯉、山鼎の三人と別れた。彼らは直に江戸へ向い、我ら二人は越谷宿のはずれ大林という処より左へ入り、昨日舟で行った川べりの堤を西へ西へと、長たらしい村中の道を二里余り歩き、岩槻の城下町を見物して、その夜は鳩谷の宿に一泊し、三月一九日、未の刻（午後二時ごろ）それぞれの家へ帰った。

こういう次第で、油屋吉兵衛がもし茶会を催すなど風雅に接待してくれたなら、諸事万端整わないにせよ、茶会に招いて、ごく僅かな問題にならない程のお返しをするのだが、彼が愛好するものは、大弓、楊弓、蹴鞠、将棋、囲碁、角力で、酒豪なれば、これら一つひとつ私は不得手のため、招いてもどうしようもない。元より狭く見苦しい閑居であり、返礼のもてなしはとても叶わないし、招待するのはかえって愚弄するようなものだ。それで、少しだが品を送り謝礼とした。同伴した友人たちもみな同じようであった。

越谷宿の西裏手、大林の川すじの蛍はとても大きく、とくにたくさんいるので目を驚かせる。盛りになると毎夜毎夜、数万億の蛍があちこちに大きな鞠くらいにひとかたまりとなって、しばらくして水上に落ちて散乱する。蛍合戦と称して、風流を好む人は夜な夜な見物に来るという。越谷あたりの人に聞くと大体は同様で、つくり話ではない。

これは昔、裕福で奇特な方が宇治の蛍を放させたものとかねがね聞いていたが、一度は見たいものと伊能、小原両人を誘った。とりわけ伊能永鯉は画を能くし、狂歌、俳諧に三味線を少したしなみ、とりわけ一節切（注4）に合わせて上手に弾くので、一両日、越谷の宿に遊ぼうと誘ったが、稽古が忙しく都合がつかないというので、文政八（一八二五）年六月一〇日、小原通斎を伴い、朝の涼しいうちに家を出、三ノ輪で休憩した。この日は快晴で風もなく、あぶるような暑さであった。助け合いながら旅をし、千住大門屋の酒楼に入って英気を養い、竹の塚の酒楼でも憩い、汗を拭きながら草加宿の市野屋で昼食をとり、しばらく暑さをしのいだ。加茂という処の吹抜の茶店でうたた寝をし、未の下刻（午後三時ごろ）、越谷の油屋吉兵衛宅へ着いた。去る文化一四（一八一七）年三月にここに来てから指折り数えると、すでに九年も過ぎていたが、家の人たちは見忘れもしないで出迎えてくれ、隔意なく挨拶してくれる。嬉しいことである。

山鼎、萬鯉の書状二通を届け、かねて聞いていた大林の蛍を見物したいと思い、わざわざ訪ね来たもので、気にかけないでください、ご馳走などは堅くお断りしますとくれぐれもさし止め、とにかく気ままにお構いなくお話しをすることが何よりのご馳走と、二人とも精一杯断った。ともかくもお考えに任せよう、それよりまず風呂でもと案内され、入浴すると、新調の浴衣を二つ持参された。

浴衣のまま裏口より出て、両側に建っている土蔵をはじめ花壇や菜園など広い邸内の隅々まで、風に吹かれ、涼みながらぶらついた。通斎も、行き届いた住居といい、それぞれの座敷の庭六つか七つを覗き見て、感心している。しばらくして元の席へ戻ると、こちらへと案内され、風流に構えた座敷に案内された。夕飯は一汁七菜であった。

あれこれするうちにたそがれ近くになり、主たちが出て来て、追っ付け蛍見物の良い場所に案内すると言いつつ、二人の丁稚に手あぶりやたばこ盆、座布団代わりの敷物などを持たせ、大林の川端へ出かけた。あらかじめ見物の場所を用意していたのだろう、軒曲りのように急に曲った川辺に、長い床几一脚を置き、ほど良い木の枝に丸い大提燈を釣り提げた。

床几に座布団代わりの円坐を敷いたところへ吉兵衛と我ら三人がゆったり座り、水上を見渡し納涼していると、両岸の草むらから四~五つずつの蛍火が見えたと思うとたちまち、前後三~四町に数万の蛍となった。ここかしこに遊ぶ風情は面白くて、何とも言いがたい。油屋の家から若い者が御膳籠を持参し、重詰、水筒、焜炉、酒器などを取り出し、酒盃を交わした。後ろには丁稚がかわるがわる大うちわで蚊を追い払う。行き交う人たちは、蛍火の景色にふと立ち止まることはあるが、珍しいと思わぬのか長くは立ち止まらない。悪口など言う人もいないので、心穏やかに気ままに飲宴し、川の流れに心をなごませた。

両岸より飛び出す数万の蛍は、幾所も幾所も一緒に群れ遊ぶ風情で、年長の少女が遊ぶ手鞠ほどに一かたまりになっている。川の流れからおよそ二尺ほど上で、丸く集まったと見るうちに吹き来る川風に散乱し、水上に落ちるものがある。あるいは、手鞠ほどに固まった蛍が水上に落ち、三つ四つに分かれて流れるものがある。この川筋の前後三町ほどは、このようであろうと思う。

宇治の蛍合戦（交尾のために入り乱れて遊ぶ）は見ていないが、ここより川幅も抜群に広いことだから蛍もおびただしいことだろうと推量する。筑紫の不知火もどうしてこれに勝るであろうかと思う。ゆったりと蛍火に心しずめられる夜の景色はいいものだ。酉の初刻（午後五時ごろ）から戌の刻（八時ごろ）過ぎまで飲み遊んだが、夜陰の川風は涼しく寒いぐらいで、手足も冷えて来たように思えた。かくして各々諸具をかたずけ、油屋の邸へ戻った。一つ二つ話しをし、亥の中刻（午後一〇時ごろ）、二人は寝床に入った。この夜の流蛍の面白さは、武蔵の名品といっていいだろう。風流を好む人は、これを見ずしてどうしてそういえるだろうか。このことは、私の『遊歴雑記』全五編一五冊著作する淵源と言うべきものである。

翌六月一一日、天気は快晴で大相模の不動から二十五里村の、桃林や川添の風景を見に行こうと、朝食後、大相模への行程を聞くと二十六町という。道案内かたがた供を一人つけようと言うことであったが、お供がいるとかえって気がねし、窮屈なので、思うまま歩きたいと、道々の村名を記し、辰の下刻（午前九時ごろ）に出立した。無事に大相模の大聖寺へ参詣し、境内を見まわったが、先年妙栄尼を伴って来たころよりは、所々の再建も完了し立派になっていた。ここは大山の不動尊の根本という。故にこの土地を大相模村と言い、大聖寺不動院とつけたという。

門外の茶店に憩い、二十五里村への道のりを訪ねると一二町あるという。二人は日影を選び選びして長い畑の道を通り、二十五里村へやってきた。この二十五里村という土地は、広さ一里余りの間に桃の木だけを植え、村も、屋敷、耕地はもちろん目の及ぶ限り桃の木だけで、他の木は少ない。江戸伝馬町の例年の天王まつりでは、諸方に先だって桃を売るが、みなこの土地より出ている。赤く色付いた桃を世間では草むらしと言い、苅草のなかに一両日深く包み、蒸して色を付けるように言うが、そうではない。五月下旬に土地の男女が集まり、木に梯子をかけ、高い木には足をたし、葉を丁寧に取り、天日にさらして赤

眞大山大聖寺（大相模不動尊）

ぴんころ地蔵尊

くする。とても人手がかかり梅の実などと大きく違う。葉を取り捨てて桃が色付くのは、花よりも美しく、見渡す眺めは一段と違うという。私はその季節に来て見ていないので、何とも言えない。土地の茶店で売る物も短刀の類も見事で値段も安心である。

さて、この二十五里は利根の川添い（注5）、船着場なので、川端には家がびっしりと建ち並び、旅籠屋などもあって、川添いの眺めには風情がある。さわやかな感じの酒店に憩い、小原は正気散（風邪薬）一合に元気が出てきた。もと来たあぜ道にさしかかった時は、午の刻（昼の一二時ごろ）に近かった。まっすぐ越谷の宿に帰るのも面白くないので、一里の廻り路になるが、これより間久里の盛り場

越谷秋まつりの人形（久伊豆神社）

へ行って有名な鰻を昼飯にしようと、何もない脇道を一里余り歩き、評判の間久里に着いた。小綺麗な土壁の食店に入り、鰻を焼いてもらって食べた。江戸に比べると一段落ちるようだ。印旛沼の中村の鰻に少し勝っているかもしれない。炎天の暑さが焼けるようで堪えがたく、座敷の片隅にしばらく休息しようと思うが、蠅が多く我慢できない。一時も早く油屋宅へ行ってひと眠りしたいと思い、これより二〇余町、日盛りの街道を助け合いながら吉兵衛宅へ戻った。

先程よりお待ちしていたが、どちらで遊んでおられましたと尋ねるので、ありのまま評判の間久里へ回り、鰻を食べたと言うと、主は笑って、間久里の鰻は江戸の方にはあげられないものです、後ほど焼いてさしあげるのでお召し上がりくださいと言う。それはかたじけない、楽しみにしていますが、それ迄ひと寝りしたいと言うと、それなら、行水でもなされませと、浴衣を抱えた年少の女子が風呂場に案内してくれた。

湯浴みをすると、こちらへと案内され、涼しい吹抜けの中二階へ通された。ここでゆっくりと、目をさますまでお休みくださいと、四、五人の下女が藺草で織った枕を持って来た。焜炉や酒器を運び、茶碗、菓子、たばこ盆、盃、うちわなどをそばに置いて立ち去った。この席は一八畳二間で、階段の上り口に六畳一間ある。南、東、北の三方には壁がなく、西の方だけが壁で、ひさしの下りに突き上げ窓がある。吹抜けで涼しいこと、舟中にいるようで、いっそう暑気を忘れる。二人、枕を引き寄せて臥し、つくづく思うに、昨日から幾度か席を変わったが同じ座敷に通されないが、住居の広いことと暮らしが豊かであるからだと思われる。

先年、草加宿の大川牛藏宅へ二、三度茶事に招かれて遊んだが、たいそう由緒の家柄でもあり、屋敷は大層大きく、住まいも豊かであったが、これほどまでは広くなかった。彼は本百姓の郷士で、若干の田地のほか二つの問屋株を持ち、農家と商人を兼ね、身分相応の暮らし向きをたて、おごらず家業に精を出しており、この家は礎も堅く長く続くだろうと思われる。江戸の豪家や粒よりの商人も、衣類をはじめ平生から質素を第一とし、身分のほどをわきまえて家業に精を出しており、天理に叶うことゆえ、それらの家は必ず栄えている。

通齋も私も風の涼しさに熟睡して、猿の刻（午後四時ごろ）かと思うころ目覚めて、枕元の煎茶をすすり、煙草を吸った。ちょっとした話声が下の座敷へ聞こえたのだろう。しばらくすると下女が来て、お目覚めであれば夕食を差しあげたい、こちらへお越しくださいと二階を下り、廊下を過ぎて八畳の席へ案内され、夕飯をご馳走になった。色絵の新しい外来の茶碗は、弓張月が画かれている。約束の蒲焼を火を焚く鉄格子に積み上げて持参した。その分量は、江戸の魚屋で三〇〇疋を頼んでもこれ程ではないと思うほどだ。主が来て、遠慮なく思う存分召し上がりくだされ、我等もご相伴致しますと挨拶する。

給仕が膳と鰻を持って来るのを見ると、中皿に積み上げてある。主人が言うには、私たちは鰻より鯰の方が好きである。これは鯰の蒲焼きであり、良ければ召し上がってくださいと会釈する。一緒に箸を取って鰻を味わうと、甘いこと非常に珍しく、柔らかな焼加減は江戸のようで、間久里の蒲焼とは比べものにならない。私は、絶妙の風味であると申し上げた。人や席によっては、悪い味加減でも誉めるのが客の振る舞いともいわれるが、これはそうではない。実に昔から今迄たぐいまれな風味で、このような魚や、こんな焼加減は江戸にもたくさんはない。有名な大和屋、深川屋、大和田、福本、鈴木など、よく魚を使うと評判だが、どうしてこれに勝るであろうか。

さてさて甘いことよ。江戸前の魚なのか、色に青味のある細長い類であるのか、と聞いた。主は、魚はこの川筋で捕ったもので、江戸前のものではない。江戸の方言に旅鰻と言うのがこれである。しかし焼き方を工夫している。初めは白焼にし、身が厚くなり温かい内に重箱へ移し、少し重しをして蓋をし、むらす。そしてたまり醤油三合に味淋一合、白砂糖二〇匁を混ぜてよく煮たてたものを冷やし、それに鰻をひたして焼く。火が弱く時間をかけてあぶると焦げ油が出るので、強火で一気に焼きあげるとこのようになる、と言う。

こうなると、魚によるのではなく焼加減が第一と思われる。甘いので食べる内に身体が肥るように思えるが、通斎は銀の器に入った蒲焼きを二四本、私は一三本食べ、口とおなかを悦ばせた。主人も給仕もそれぞれ強いるが、余りの甘さに飯を食べ過ぎ、満腹でもはや一本も食べられないと断ると、それならばお酒を後で差し上げると言い、食器を片付けた。

しばらくして二人の盲目の人が来て、お宿よりのもてなしとしてお揉みしてくれと言われて参りましたと言う。一人は療治の仕方が強く、もう一人は弱い。小原は弱い方を好み、私は強い方を選んだ。しばらく話しながら按摩をしてもらうと、お酒を一献おすすめしましょうと、数々の、美味しそうな、また包丁さばきも鮮やかな酒肴はもとより、器や鉢の取り合わせまで心を遣ったご馳走だったが、夕飯のうまさにいまだに満腹し、なかでも通斎は、ふだん酒をたくさん飲まないのに、心遣いのもてなしで酒に酔いつぶれてしまった。

亥の刻（午後一〇時ごろ）を過ぎるころ、酒宴もおさまり、明日は帰りますと申し置いて二人は床に入った。蚤や蚊の心配もなく、さすがに短夜であるが良く熟睡し、臼の搗く音に目覚めて起き出した。しばらくして朝食をご馳走になり、身拵えしていると奥様もお嫁さんもそれぞれに引き留める。せっかくご訪問されたのに、お帰りになるには早すぎます、この界隈でもまだ見物なさらない場所がたくさんありますから、もう一両日ご逗留なさいませと言われる。私は、身に余ることで、この上もなく有難いと思うのだが、私は別としても小原氏は医者で、勤めを持つ身である。もちろん、子どももいるので支障を来すということはないだろうけれども、明日の天気がどうなるのかは分からない。その内またおじゃまし、ご厄介になりましょう、一昨日よりかずかずのご馳走やお世話になったことなど、御礼をいうのも尽くしがたいほどだと挨拶し、山鼎、萬鯉への返書を懐に入れ、辰の中刻（午前八時ごろ）、別れを告げ帰路についた。

この日は快晴、炎暑あぶるようで、道すがら所々の茶店にむし暑さをしのぎ、草加宿の市野屋へ着いたころは巳の下刻（一一時ごろ）近くにもなった。通斎は一献傾けて英気を養い、これより、島根、竹の塚、梅田などと言う所々の茶店で汗を拭き、午の中刻（昼の一二時ごろ）を過ぎるころ、千住宿の大文字屋で一休みして昼食でも取り、ひと眠りしたいと思ったが、上り下りの旅人の出入りで騒がしく、さらに蠅がうるさいので徳島屋を訪ねた。隠居の子譲夫婦は死去し、今の女将と婿はなじみが薄いけれども、日盛りの暑さは耐え難いので、中庭の別室をしばらくの間借りて、二人共ここで熟睡した。夕方に近いころ目を覚まし、厚く礼を言って身支度をして掃部宿を出た。

日は長いといっても、路を急がず所々で何度も憩っているうちに、早くも申の刻（午後四時ごろ）になってしまった。越谷からここまでわずか四里余り、辰の中刻（朝八時ごろ）に塩屋の家を出、申の刻（午後四時ごろ）になってようやく江戸の地に近づいた。

こうして千住の大橋にたたずんで前後をかえりみると、さすがに大川の長流は、両岸が水に溶け込んで、引いたり押したりして流れている。流れが急に湾曲して岸に入り込んでいるところなど、自然のままで何んとも言いようがない。筏を組んで長流に従って下ってくるのがあり、また、いろいろな船が行き交い、あるいは釣り糸を垂れ、泳いで遊ぶ人たちがおり、風情がある。風がことのほか涼しく、二人とも川上を眺め、川下を眺望し、ぼんやりと納涼している内に、鐘は上野か浅草かではないが、寺の鐘の音に驚いて我にかえり、それぞれの茅舎にたそがれのころ帰宅した。

久伊豆神社

源氏物語六〇帖を書き綴った官女は、夢の浮き橋で筆をとめた。私は、『遊歴雑記』全五編を千住大橋にて筆をとめる。官女は賢にして、その作は優妙であり、いちいち感動して飽きることがない。私は愚かにして、その作は杜撰で拙く、いちいち非があり、笑われ馬鹿にされよう。その違いは甚だしく、どちらがよいとかいう黒白などは超えて、お月さまと泥亀ほどの違いがある。まことに悔いるほど恥ずかしい思いがする。

そうではあるけれども、文化九年壬申の年（一八一二年）三月に隠居の身となり、かねてから思っていたように、花にぶらつき月に歩み、近辺を訪ね歩いて今年文政一二己の丑（一八三〇）年まで一八年、三四冊の随筆を書き、これも罪滅ぼしと、読んでくれた人々に笑われ恥をさらしてもかまわない、盲人蛇を恐れずというたとえにも縋り、ついに全五編一五冊を書き綴り終えた。文形はゆがみ、誤字脱字があり、文章も拙なく、段落などもまったく整っていないのは、年老いた為である。杜撰な表現も多く、まことにだめなものを書き散らしているのは、不学のせいであると後の人はどうか許してもらいたい。

なお年代が前後して認めているのは、思い出すのに任せ筆のおもむくままに書き綴ったためである。私がもう少し若ければ、文章を直し、誤字などもあらためて清書するのだが、加齢とともに気根が衰え、見直すことが面倒なので草稿のまま作りあげ、置き土産の形見とするものである。書き漏らしこともあるが、それらは世間の人々の筆が掃き出してくれるだろう。ああこれまでの漫筆、どうぞお許しを。

江戸の赤北山人、前の廓前寺十方菴、六九歳の翁、厭離齋宗知が書いた。

時に文政一二己丑年（一八二九年）七月下旬、竹島町の寓居に於いてすべて書き終え筆を置く。

［注］

1：江戸時代の銭湯で、浴槽の前方上部を覆うように仕切り、客がその下を腰をかがめてくぐり抜けて浴槽に入るようにした入口のことをいう。湯がさめないように、狭い入口となっているのが特徴。

2：表裏とも並幅の布を五枚縫い合わせて仕立てた布団。五幅蒲団。

3：経糸と緯糸にそれぞれ色の違う練り糸を使って、五枚繻子で地と模様を織り出すもので、厚地で光沢があり、どっしりとした高級感がある。金箔や金糸を用いて模様を織り出す金襴と並んで、高級織物の代名詞とされる。

4：日本の伝統楽器。尺八の前身ともいわれる真竹製の縦笛で、節が一つのところからその名を付けられたという。

5：大落古利根川＝江戸時代以前は利根川の本流

あとがき

前著『江戸百景今昔――江戸を楽しみ、大正を知り、現代を歩く』（本の泉社、日本図書館協会選定図書）につづき、『江戸叢書』を現代風に分かりやすく編集してみました。いかがでしたでしょうか。

いまから二〇〇年ほど前のことですが、建物、往来はともあれ、人の世態、人情はさほど変わっていないのではないでしょうか。登場する人たちはどこか懐かしく、また、つい今しがた言葉を交わしたばかりのような気もします。

それに、彼らのこまやかで密度の濃い付き合いぶりは、世知辛く日を送る現代の私たちがどこか置き忘れてきた大事なものを思い出させてくれるようです。「江戸」はただ古い代名詞ではないようです。

私は「江戸」に興味があり、建物に使った和釘を集めて日本刀にしてもらったことがあります。和釘は、鍛冶屋が鉄をたたいて造ったものですから、それを使用すると美しい立派な刀になるのです。

行灯や木製の大釘などとともにそれをながめていると、当時の侍たちや庶民の暮らしぶりが浮かんできます。

そんな江戸情緒をお楽しみいただけたら、こんなうれしいことはありません。

二〇一九年一月　大野光政

●著者略歴

大野　光政（おおの　みつまさ）

1940年、埼玉県越谷市に生まれる。1962年、早稲田大学第一法学部を卒業後、埼玉銀行に勤務。その後、楽器店、ライブハウス、音楽教室等を創業。

還暦記念として一級小型船舶の免許を取得。現在は楽器店を営みつつ、バンド活動（キーボード担当）や船の操縦、スキー、謡曲、仕舞などの趣味にも忙しい毎日を送っている。

全国神社総代会理事、越谷市国際交流協会顧問、埼玉県稲門会副会長、越谷法人会顧問・越谷商工会議所理事などを兼任。

笑って泣いて日が暮れて ──江戸叢書《そうしょ》の町びとたち

2019年3月22日　初版第1刷発行

著　者　大野《おおの》　光政《みつまさ》
発行者　新船《しんふね》　海三郎《かいさぶろう》
発行所　株式会社 本の泉社
〒113-0033 東京都文京区本郷 2-25-6
電話：03-5800-8494　Fax：03-5800-5353
mail@honnoizumi.co.jp ／ http://www.honnoizumi.co.jp
印　刷　新日本印刷株式会社
製　本　新日本印刷株式会社

ISBN978-4-7807-1922-2　C0095